浙江省社科联社科普及课题成果

跨境电商一路通

——文化差异下的客户服务

张　帆 编著

浙江工商大學出版社 | 杭州
ZHEJIANG GONGSHANG UNIVERSITY PRESS

图书在版编目(CIP)数据

跨境电商一路通:文化差异下的客户服务 / 张帆编著.
—杭州:浙江工商大学出版社,2018.11(2023.2 重印)
ISBN 978-7-5178-0822-0

Ⅰ.①跨… Ⅱ.①张… Ⅲ.①电子商务—商业经营
Ⅳ.①F713.365.2

中国版本图书馆 CIP 数据核字(2018)第 225234 号

跨境电商一路通
——文化差异下的客户服务

张　帆 编著

责任编辑	吴岳婷
封面设计	林朦朦
责任印制	包建辉
出版发行	浙江工商大学出版社
	(杭州市教工路 198 号　邮政编码 310012)
	(E-mail:zjgsupress@163.com)
	(网址:http://www.zjgsupress.com)
	电话:0571-88904980,88831806(传真)
排　　版	杭州朝曦图文设计有限公司
印　　刷	广东虎彩云印刷有限公司绍兴分公司
开　　本	710mm×1000mm　1/16
印　　张	8
字　　数	136 千
版 印 次	2018 年 11 月第 1 版　2023 年 2 月第 2 次印刷
书　　号	ISBN 978-7-5178-0822-0
定　　价	32.00 元

目　　录

第一讲　跨境电商客户服务之概念

【典型案例】

当顾客问到某一产品,不巧正好没有货,应该怎么办呢?

比如顾客问:"这款产品有金色的吗?"这时,不可回答没有,而应该反问道:"不好意思我们没有进货,不过我们有黑色、紫色、蓝色的,在这几种颜色里,您比较喜欢哪一种呢?"通过巧妙的反问来引导客户下订单。

【运作思维】

一、跨境电商客服的概念

(一)客服

客户服务,是指以客户需求为导向,为客户提供服务并使之满意。广义而言,任何能提高客户满意度的内容都属于客户服务。进行客户服务工作的人员称客服人员,简称客服。一般国内客服与客户沟通的媒介是电话或者即时通信工具。

(二)电子商务客服

电子商务客服负责客户咨询、订单业务处理、投诉,并通过各种沟通方式了解客户需求,与客户直接联系以解决问题。一般跨境电商客服与客户沟通的媒介是电子邮件或电话等。

二、跨境电商客服工作重要性分析

（一）从买家购买满意的原因分析

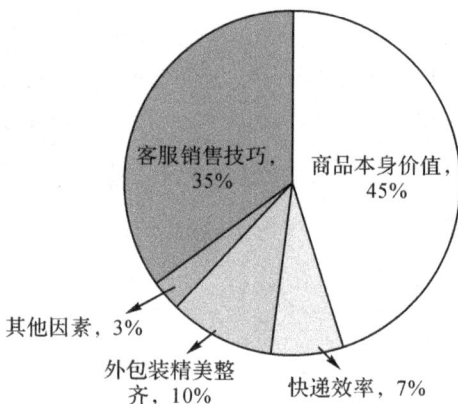

图 1-1 买家购买满意原因分析

由图 1-1 可知，买家是否满意与客服有较大关系。

（二）从顾客流失的主要原因分析

由图 1-2 可知，顾客流失，是因为得不到想要的，这往往同价格没太大关系，更深层次原因在于购物体验和心理需求没有得到满足。

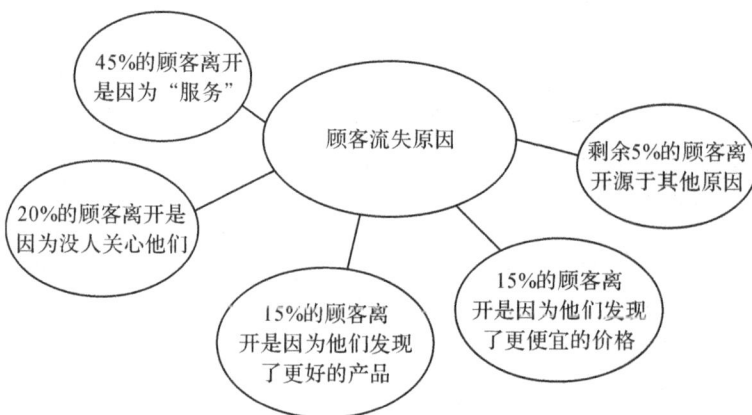

图 1-2 顾客流失的主要原因分析

（三）从客服作用和客服工作影响分析

表 1-1　从客服作用和客服工作影响分析跨境电商客服工作重要性

分类	内　　容
售前客服	优质的售前客服可以大大提高商品售出率,提高公司销售业绩。售前客服充分了解产品相关专业知识,全面掌握产品线的扩展内容,能够及时给进行售前咨询的客人准确而又专业的回复,挖掘客户的潜在购买力。
售后客服	专业售后客服可以大大地降低不良交易率,维护卖家账号信誉。售后客服要深刻理解客人的问题所在,并结合所购买产品的相关信息,及时而又准确地给客人释疑,减少客人投诉,以及"不满意"或中差评等卖家服务评级。
客服服务对象	客服是面向终端客户的直接对接人,也是客户意见和投诉的直接处理人。一方面,客服工作直接关系到买家购买体验;另一方面,客服工作反馈是核查工作中相关问题的窗口。
公司财务安全	专业的客服可以有效地减少公司损失,维护财务安全。客服要全面系统地了解平台交易的相关规则,理解并利用其中对卖家有利的部分,努力规避不合理之处,在遵守相关交易规则和确保账号安全的前提下,实现公司利益最大化。

三、跨境电商客服人员要求

（一）性格

性格沉稳,能摒弃个人主观情绪,客观公正地为客人解决问题。

（二）学习能力

全面而又系统地熟悉公司的产品、理解平台规则和政策以及变动趋势,并灵活运用。

（三）语言能力

具备一种以上的外语能力,能够准确理解客人意图,能够通过本地化的语言服务来解决客户问题。

（四）分析总结能力

善于总结问题、分析问题,能够流程化地解决客户一般性的问题。

（五）沟通技巧和策略

会灵活地、有策略性地使用相关沟通技巧。

四、跨境电商客服知识储备

为了给客户提供更加专业、周到的服务工作,跨境电商客服人员需要具备以下的知识。

(一)拥有第二外语基本的读、写水平,能够与国外客户进行流畅的沟通和交流

专业的跨境电商客服人员必须掌握一到两门外语,并且能够较为流利地使用外语与客户进行沟通与交流。如若不然,则没有办法开展后续的工作。因此,第二外语的知识和应用能力是跨境电商客服人员的必备技能。

(二)熟悉主营产品的内涵和外延,能够提供专业而又全面的产品信息咨询

作为跨境电商客服人员,需要对自己店铺的产品有全面的认识和了解,当客户针对某一产品提出问题时,能够快速、准确地进行回复。这样的交流,能使客户感受到客服人员的专业水平。

> 小贴士:每天熟悉两到三款产品,了解产品的相关知识,从产品相关系数,到使用说明,到常见问题的解决方式,都要掌握清楚,日积月累,一定会成为专家。

(三)了解相应平台的买家购物流程、支付方式、常见问题及解决方法

掌握这些知识的目的是能指导买家购物,使对方有良好的购物体验,促使客户下单。

(四)熟悉平台费用体系以及产品定价方式

这一条非常重要,千万不要忘记,也不要算错。

(五)熟悉常用物流渠道

了解几大快递、小包类物流、海外仓本地物流的费用及路线情况,给客户提供最优的物流选择。

(六)熟悉常规问题的解决套路,流程化解决一般性问题

对于常见的问题,采用问答模板的形式进行解决。如果是新问题,那么需要找到最优的解决方案,并且总结新思路,进而形成新模板,为以后解决同样问题提供流程化的解决方法。行业中有经验性的说法叫"二八法则",就是80%都是常规问题,20%是新问题,所以重点只要放在20%的问题上就可以了。

（七）熟悉国外消费者消费习惯和消费性格

熟悉国外消费者的购物习惯，如购物时间、忌讳事项、热门节日等。这一点非常重要。对跨境电商卖家而言，打入海外市场最关键的一点就是要投国外消费者所好，不仅要根据市场需求去选品，所销售的产品还要符合当地消费者的口味。于是，研究当地的风俗习惯、重要活动、节假日情况就成了一个必不可少的环节。以下以北美市场为例略谈。

综观整个北美市场，虽然已被新兴市场抢了不少风头，但仍然是各大跨境电商的交易重地，同时也是大家绝对不愿放弃的一块区域。这不仅仅是因为北美市场在语言沟通和文化渗透方面对中国商家来说更容易，也是因为这个看似"红海"的市场还蕴藏着商机。

根据资深从业者的反馈以及跨境电商平台的数据统计，北美市场一年四季的消费需求各有不同，如表 1-2 所示。

表 1-2　北美市场一年四季的消费需求

月份	重要节日	看点	热销产品	原因
1 月	新年	冬装促销季	服装	虽然北半球的 1 月正值隆冬，是冬装需求旺盛的时节，但跨境网购总要"超前"的。由于物流配送时间又长又不可控，很多消费者都会提前购买春装而不是购买冬装。因此，经营服装品类的商家应该注意，这既是春装上市的时机，也是冬装打折促销的时机。
2 月	情人节	情人节点睛	饰品、珠宝、手表、箱包	2 月 14 日情人节应该是整个二月的"卖点"了。围绕情人节礼物的主题来推销产品对商家来说会是个明智之举。一般情况下，时尚饰品、珠宝和手表、箱包礼品等会是北美消费者比较热衷的礼物之选。
3 月	复活节	户外用品热度升温	服装、美容化妆产品、园艺产品、户外用品	首先，围绕复活节等特殊节日的礼品一定会非常热门；其次，春天是服装和美容化妆产品的销售旺季，不容错过；而 3 月 31 日的复活节也会促进园艺产品的销售。与此同时，由于天气越来越暖和，人们会更多地进行户外活动，因此，户外用品、桌球、水上运营用品的销售也会升温。

月份	重要节日	看点	热销产品	原因
4月	愚人节	婚礼盛季	园艺产品、婚纱礼服、女鞋	4月是北美春天中最美的时节,园艺产品的销售迎来高峰期。同时,由于气候适宜,很多人会选择4月举办婚礼,因此,婚纱、礼服、女鞋的销售都会随着婚礼需求而剧增,婚礼相关的其他产品也比较火热。
5月	母亲节	给妈妈的爱	时尚饰品、珠宝、箱包、贺卡	5月的母亲节必然会带来买送礼物的热潮,除了贺卡以外,时尚饰品、珠宝产品、箱包产品等适合送给妈妈的东西都会比较畅销。此外,在这个春暖花开的季节,园艺产品也会继续受欢迎。
6月	父亲节、毕业季	消费电子产品大热	小电器、消费类电子产品、水上运营用品	6月是毕业季,通常情况下,美国的家长们会购买手机等消费类电子产品送给孩子当作毕业礼物。另外,由于天气渐热,带有制冷功能的小电器和水上运营用品会比较畅销。
7月	美国独立日	家居用品销售高峰	家具、家居用品	除了春天,夏天也是人们举办婚礼的大好时机,同时也是布置新房的时节,因此,家具和家居用品在7月的销售表现会非常突出。
8月	返校季	学生返校大采购	鞋服、消费类电子产品、办公用品、运动用品	返校季是服装和鞋类的热卖季,几乎每个学生都会准备好新衣新鞋迎接新的一学期。除此之外,他们还会带来消费类电子产品、办公用品、运动用品等的大卖。
9月	美国劳动节	拼"美"的日子	服装、美容化妆产品	秋高气爽的时节似乎会催促人们打扮得美美的出门,于是,秋天是服装热卖的季节之一。美容化妆品也会由于秋季新品的到来而迎来热销。
10月	万圣节	万圣节带来的消费风	体育用品、毛绒玩具、cosplay服饰	10月31日万圣节对美国人来说是一年之中重要的节日之一。在这一天,无论大人还是小孩都会兴奋地参与进来,装扮成各种奇葩的角色,所以,cosplay服饰、毛绒玩具一定会热卖。另外,由于美国体育用品商家往往会在这个季节打折大促,跨境商家也少不了要跟随这个步伐。

续　表

月份	重要节日	看点	热销产品	原因
11 月	感恩节	毛绒玩具备受青睐	毛绒玩具、礼品、家用电器、美容化妆产品	从 11 月开始,北美零售业便迎来了年底的狂欢。11 月 28 日感恩节前后更是线上线下零售消费的高峰期。相信面向北美市场的跨境商家们也不会错过"黑色星期五"大促。从热卖产品来看,园艺用品、家用电器、毛绒玩具、礼品、美容化妆产品等都会随着诸多重要节日的来临而大大受宠。
12 月	圣诞节	圣诞购物狂欢来临	鞋服、园艺产品、取暖设备、时尚饰品、珠宝和手表、滑雪设备、消费类电子产品	冬季是服装和鞋类的热卖季,加上圣诞购物狂潮的来临,销量飙升是无疑的了。而且,从各类商家的销售数据反馈来看,12 月是各大品类在一年之中的销售旺季。园艺产品因圣诞节装饰之需而热卖,取暖设备也是寒冬必不可少的商品,时尚饰品、珠宝和手表 12 月份销量会占到的全年四分之一,消费电子、体育用品、毛绒玩具也常作为圣诞礼物被购买。此外,滑雪设备也是另一个冬季畅销品类。

【推广运用】

客户服务是店铺经营中非常重要的一个环节。客户通过与客服交流,可以逐步了解商家的服务和态度,客服的一个笑脸或者一个亲切的问候,都能让客户真实地感觉到他不是在与冷冰冰的电脑和网络打交道,而是与一个真实的人在沟通,从而在客户心目中逐步树立起店铺的良好形象。客服良好的客户服务能力和态度也会有效地提高店铺的成交率,好的购物体验和好的印象,会促使客户进行再次消费,进而提高客户回头率。因此,一个优秀的客服人员不仅仅应该将自身的工作职能定位于和客户在网上交流,解决现有的问题,而是应该具有扎实的专业知识和良好的沟通技巧能力,以便给客户提供更多的购物建议,更完善地解答客户的疑问,更快速地给予客户问题反馈,进而更好地服务于客户,获得更多的交易机会。

第二讲　跨境电商客户服务之售前服务

【典型案例】

下面一则案例是针对客户的提问,客服给出的两种答案,对比一下,看看哪种回复更能有效促进订单的成交呢。

答复一:

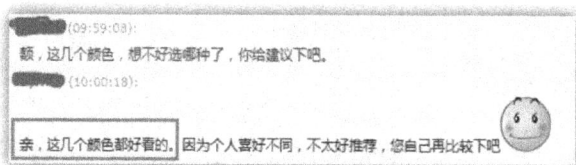

答复二:

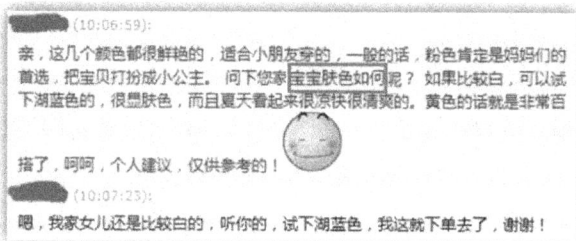

设身处地地想想,如果你是顾客,你希望得到哪种答复呢? 显而易见,第二种回答更让你感受到客服的周到和体贴。在传递热情和专业知识的同时,客服还可以收集到客户的信息,以便于对某一客户的资料进行整理(如图 2-1)。

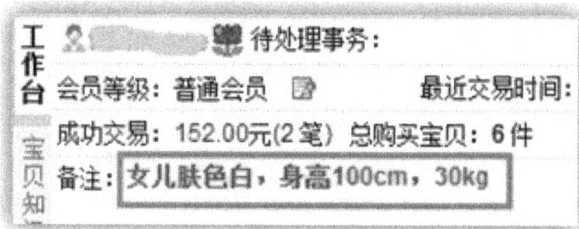

图 2-1　客服对客户资料的整理

第一次良好的购物体验,很有可能促进顾客的再次回购,这样客服就可以根据以往的资料记录,不用重复提问,就能直接给出建议,这样做很明显地提升了客户体验。因此,提供愉悦的客户体验和整理客户资料是客服提升工作效率和订单转化率的方式。

【运作思维】

一、售前客服概念

对于一个网上店铺而言,客户看到的商品都是一张张的图片,既看不到商家本人,也看不到产品本身,无法了解各种实际情况,因此往往会产生距离感和怀疑感。这个时候,客服就显得尤为重要了。客户通过与客服在网上的交流,可以逐步地了解商家的服务和态度以及其他信息,客服的一个笑脸或者一个亲切的问候,都能让客户感觉是跟一个善解人意的人在沟通,这样会帮助客户放弃开始的戒备,从而在客户心目中逐步树立起店铺的良好形象。

售前客服是指在订单成交前,为买家购物提供相关指导,包括购物流程、产品介绍,以及支付方式等的客服人员。售前客服在客户下单前,可以通过产品介绍,减轻买家的购买顾虑,同时还可以进行同类或者关联产品的推介工作,扩大订单和销售额;在客户决定购买时,还可以指导买家走购物流程,帮助客户最终完成支付。因此,售前客服关系到买家购物体验和店铺的成交转化率。

二、售前客服焦点问题分析

售前客服的工作焦点是什么呢？一般来讲,可以分为图 2-2 中的四大类型。

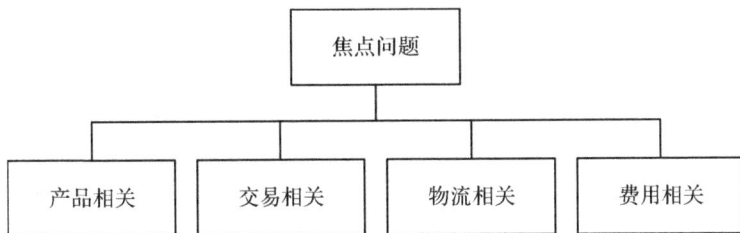

图 2-2　售前客服的工作焦点

（一）产品相关问题

产品相关问题主要包括产品的功能和兼容性、相关细节明细及包裹内件详情等。客服人员基本的素质要求就是需要对所售产品非常熟悉,这样才能针对客户的问题在第一时间内给出专业的答复。

[案例一]

我们以某一款华为手机(如图 2-3)为例,详细了解一下与产品相关的信息有哪些。

这款手机的详细介绍需要包括以下内容:型号、像素、核心数、运行内存、机身存储、屏幕分辨率、CPU 频率、CPU 型号、屏幕材质、款式、是否智能手机、键盘类型、重量、颜色、厚度、网络模式、附加功能、储存功能、支持网络类型、摄像头类型、SIM 卡规格、触摸屏类型、机身尺寸、音乐支持格式、视频支持格式、铃声类型、闪光灯、相机变焦模式、是否支持 GPS、是否支持 WI-FI、是否支持蓝牙、数据线接口类型、电池类型等。(如图 2-4)

图 2-3　华为手机

Item specifics	
Brand Name: Huawei	Unlock Phones: Yes
Google Play: Yes	Battery Type: Not Detachable
Operation System: Android	Feature: Gravity Response,MP3 Playback,GPRS,Touchscr...
Thickness: Slim(9mm-10mm)	Design: Bar
CPU: Octa Core	Language: Russian,Italian,German,French,Spanish,Portug...
ROM: >64G	Battery Capacity:mAh: 3750mAh
SIM Card Quantity: Dual SIM Cards	Size: 153.5mm*74.2mm*6.98mm
Release Date: 2017	RAM: 6G
Touch Screen Type: Capacitive Screen	Camera: 20.0MP
Cellular: GSM/WCDMA/LTE	Item Condition: New
Talk Time: 28 hours	Display Resolution: 2560x1440
CPU Manufacturer: Huawei	Recording Definition: 1080P
Band Mode: 2SIM/Multi-Bands	Display Size: 5.5
Camera Type: 3 Cameras	Display Color: Color
Huawei Model: P10 Plus	Language: multi languages
OS: EMUI 5.0 base on Android 7.0	User Interface: EMUI 5.0
CPU: Huawei Kirin 960 Octa Core +Micro smart core i6	CPU Frequency: 4*Cortex A73 2.4GHz + 4*Cortex A53 1.8GHz
GPU: Mali G71MP8	SIM : Nano
Front Camera: 8.0MP	Back Camera: 20.0MP mono +12.0MP RGB
RAM: 6GB	ROM: 128GB

图 2-4　商品详细介绍

该款产品的包裹内件详情展示了购买这款手机还赠送手机膜、手机壳、充电器(如图 2-5)。

Glass Film & Silicon Case According to the custom of holes, please in kind prevail.

Bundle	Contents (What is in the packing box ?)
Standard Gift	Standard Gift (1*phone +1*usb data +1*charger +1* user manual(Chinese) +1* warranty card(Chinese) +1* card pin)
	+ 1*glass film + 1*silicon case + 1*Type C adapter
Add Original Case	Standard Gift + 1* Original Leather Case

Original Case :
···official standard Package not inlcuded / ship in random color , so pls leave message if you have prefered color

图 2-5　商品赠品信息

[案例二]

下面是客户的两次咨询及答复。

第一次咨询及答复：

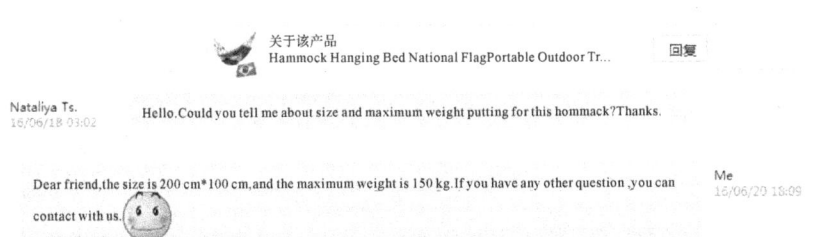

关于该产品
Hammock Hanging Bed National FlagPortable Outdoor Tr...　　回复

Nataliya Ts.　　Hello.Could you tell me about size and maximum weight putting for this hommack?Thanks.
16/06/18 03:02

Dear friend,the size is 200 cm*100 cm,and the maximum weight is 150 kg.If you have any other question ,you can　　Me
16/06/20 18:09
contact with us.

第二次咨询及答复：

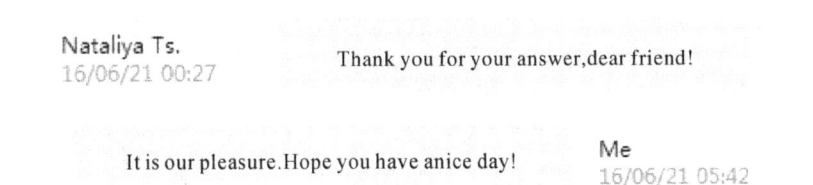

Nataliya Ts.　　Thank you for your answer,dear friend!
16/06/21 00:27

It is our pleasure.Hope you have anice day!　　Me
16/06/21 05:42

　　这则案例是客户咨询关于产品包装尺寸的问题。客户通过站内信留言想要了解产品信息,作为客服人员,需要每天定时进入后台及时查询消息,并给予答复,这则案例的第一次回复时间偏晚,不过从客户的回复来看,对方没有给出不耐烦的回应,还是非常礼貌地表达了感谢。客服的第二次回复就非常及时了,重视程度提高,并表达了"Hope you have a nice day!"这个句子,这句话非常符合西方人的习惯——他们无论是认识的还是不认识的,在分别时常会对对方说一句"祝你今天过得愉快"。客服人员入乡随俗,拉近了双方的距离,使客户对自身好感倍增。

(二)交易相关问题

在跨境电商买卖过程中也会遇到一些对产品价格、付款方式、付款时间方面的咨询,因此,跨境电商客服人员需要对产品价格构成、付款工具、收款操作流程有清晰的认识和理解,以便更好地回答客户的咨询。

产品价格构成根据第三方平台的不同,会有些许差别,但是,无论是在哪个第三方平台销售,基本都包含下面几个方面的内容:成本价、国内运费、国际运费、平台手续费、损耗率、提现手续费、利润率。

客户在产品交易上的相关问题,主要可以总结为以下几种情况。

1. 大量订单询价,报价前先向客户确认

Dear friend,

Thanks for your inquiry, and we really want to do more business with you.

In order to give you a better quotation, can you tell me the following? First, is the bulk deal for just one player or a mixed order? Second, what is the transportation way you want? Third, how many pieces you can buy in an order?

Looking forward to your reply.

Best regards,

Walker

译文:

亲爱的朋友:

感谢您的询盘,我们非常希望与您做生意。

为了给出更优惠的价格,请回答下列问题。第一,这个订单是只买一款,还是混款购买?第二,你希望用哪种装运方式?第三,订单量多少?

期待您的回复。

致以诚挚的问候。

沃克

2. 大量订单询价

Dear friend，

　　Thanks for your inquiry，and we really want to do more business with you，and I think it is the best way to place a sample order which is it's USD 10 shipping included.

　　If 100 pieces in one order，the price we can offer you is pretty favorable. The bulk price which is USD 9/piece.

　　If you have any idea，please let us know，and we will try our best to help you.

　　Looking forward to your reply.

Best Regards，

Walker

译文：

亲爱的朋友：

　　感谢贵方的询盘，我们非常希望与您做生意。10美金包邮的样品订单非常优惠了。

　　如果一笔订单的量达到100件，我们可以提供更优惠的价格，比如9美元一件。

　　如有意，请联系我方，我们将竭尽全力配合。

　　盼复。

　　致以诚挚的问候。

沃克

3. 催促下单，库存不多

Dear friend，

　　Thank you for your inquiry.

　　Yes，we have this item in stock，how many do you want? Right now，we only have lots of the blank color left. Since they are very popular，the product has a high risk of selling out soon. Please place your order as soon as possible. Thank you.

Best regards，

Walker

译文：

亲爱的朋友：

感谢贵方的询盘。

关于这个产品，我们有现货，您想购买多少呢？目前，黑色的还有很多。该产品非常畅销，很快就要到销售旺季了，请尽快下单。万分感谢！

致以诚挚的问候。

沃克

（三）物流相关问题

跨境电商客服人员需要对与物流相关的问题有基本的了解。这涉及运输方式、各国海关申报清关、运送地区和运输时间、能否提供快递、是否挂号等步骤的运作和实现。只有在客服人员对行业熟悉的情况下，才有可能及时有效地解答客户的疑惑，促使客户下单。

客户对物流的相关问题，主要可以总结为以下几种情况。

1. 买家要求免运费

Dear friend，

Sorry, free shipping is not available for the order. But we can give you a 5% discount of the shipping cost. Hope you happy with it.

Best Regards，

Walker

译文：

亲爱的朋友：

很抱歉，该订单不提供免邮服务。但是我们可以提供5%的邮费折扣，希望贵方满意。

致以诚挚的问候。

沃克

2.买家询问是否可以 24 小时内发货

Dear friend,

　　Because AliExpress will offer Escrow Service, they need 24 hours to test, then we will send package to you ASAP after that. So the package will send to you in 48 hours after you finish the payment. We will send it by ××××××, it will take ×× days for delivery, if no special circumstances in transit.

Best wishes,

Walker

译文：

亲爱的朋友：

　　速卖通提供委托付款服务,它们需要 24 小时的检测时间,检测完毕后我们将尽快寄出。因此,当你付款完毕后,我们将于 48 小时内发货。我们将通过××××运输,运输途中如果没有出现意外,将于××天到达你方。

　　致以诚挚的问候。

沃克

3. 买家询问是否有直销航运

Dear friend,

　　Yeah, the drop shipping is available for us.

　　You just only give us the item specification, buyers', address and shipping carriers, and our professional team will help you handle any other things at our end.

　　If you have any further questions, please let me know.

　　Thanks.

Walker

译文：

亲爱的朋友：

我们提供代发货业务。

需要你方提供产品规格、买家地址和选择的出运方式，其余的事务将由我方处理。

如果有任何问题，请联系我方。

非常感谢！

沃克

（四）费用相关问题

费用相关问题的咨询主要涉及邮费、能否合并邮费、批发购买、关税，以及能否优惠等。主要可以总结为以下几种情况。

1. 客户询问关税问题

Dear friend,

Thank you for your inquiry and I am happy to contact you.

I understand that you are worried about any possible extra cost for this item. Based on our experience, import taxes fall into two situations.

First, in most countries, it did not involve any extra expense on the buyer side for similar small or low-cost items.

Second, in some individual cases, buyers might need to pay some import taxes or customs charges even when their purchase is small. As to specific rates, please consult your local customs office.

I appreciate your understanding!

Best wishes,

Walker

译文：

> 亲爱的朋友：
>
> 　　感谢贵方的询盘，很高兴与贵方联系。
>
> 　　我理解贵方对该产品的额外费用非常担心。根据以往经验，进口税有两种情况。
>
> 　　第一种，大多数国家对于金额小的商品不收税。
>
> 　　第二种，在一些情况下，即使买家买的商品很少，还是需要支付进口税。如果遇到这样的问题，请咨询当地海关了解情况。
>
> 　　感谢您的理解！
>
> 　　致以诚挚的问候。
>
> 沃克

2. 合并支付及修改价格的操作

> Dear friend,
>
> 　　If you would like to place one order for many items, please first click "add to cart", then "buy now", and check your address and order details carefully before clicking "submit". After that, please inform me and I will cut down the price to US $ XX. You can refresh the page to continue your payment. Thank you.
>
> 　　If you have any further questions, please feel free to contact me.
>
> Best Regards,
>
> Walker

译文：

> 亲爱的朋友：
>
> 　　如果您想订购很多物品，请先点击"加入购物车"，然后点击"立即购买"，并在点击"提交"之前仔细检查您的地址和订单细节。在那之后，请通知我，我会把价格减少到××美元。然后您可以刷新页面，继续您的付款流程。谢谢您。
>
> 　　如果您有任何进一步的问题，请随时与我联系。
>
> 　　致以诚挚的问候。
>
> 沃克

3. 价格无法优惠时

Dear friend，

Thank you for your interest in our item.

We are sorry that we could not offer the lower price，because our offer price has been carefully calculated and our profit margin is really very limited.

I promise you that our product absolutely a good quality，if not，we can accept the return for full refund，but I think you will like it.

Please don't worry，and we will not disappoint you. You will get the best quality product and the best services that you never had before.

Our company have been manufacturing the high-quality product for over 10 years and have more than 6 years for exporting product to overseas countries，also we have professional after-sale service team，so it should be no problem for you to get the good quality，service and price from us.

Thanks.

Best wishes，

Walker

译文：

亲爱的朋友：

感谢你方对我们的产品感兴趣。

很抱歉，我们不能降价，该产品价格经仔细核算，我们的利润已经到底了。我们保证我们的产品质量很高，如果您不满意，我们接受全额退款，但是我们相信你一定会很喜欢。请放心，我们不会让你失望的。我们出售最好的产品，提供最好的服务。

我们的公司从事该行业已经十多年了，拥有六年多的出口经验，产品销往世界各地，并且我们提供非常专业的售后服务。所以毋庸置疑，您一定会得到质量高的产品、良好的服务和优惠的价格。

非常感谢。

沃克

4. 讨价还价,告知客户买多少送多少,提高客单价

Dear friend,

Thank you for your interest in our item.

We are sorry that we could not offer the lower price, because our offer price has been calculated and our profit margin is really very limited.

However, we can offer you a ×% discount if you purchase more than ××× pieces in one order.

If you have any further questions, please let me know.

Thanks.

Best wishes,

Walker

译文:

亲爱的朋友:

感谢您对我们产品的兴趣。但很抱歉我们不能给您更低的议价。

事实上,我们的上市价格是经过精心计算且合理的,它的利润有限。

但如果您一个订单购买超过×××件,我们将给你×%的折扣。

有任何问题请联系我。

谢谢!

沃克

5. 讨价还价,告知客户产品正在促销

Dear friend,

Thank you so much for your message.

The product is in promotion now. We are so sorry that our product is so cheap that we really have no profit. You will save a lot if you buy at our promoted price.

If you order as least 2 items, we can give you a $1 discount. Hope you can understand.

Thanks.

Best wishes,

Walker

译文：

亲爱的朋友：

感谢贵方的留言。

该产品现在正在促销中。价格已经很低了，所以不能降价。买了您就赚到了。

如果您买两件以上，我们可以给您减掉1美元。

非常感谢！

沃克

---

6. 讨价还价，所有的折扣优惠都给过后客户还是觉得价格高

Dear friend,

Thanks for interesting in our product.

Yeah, I'm agree with you that some vendors' price is low, but the quality is not as good as you want. Our price is not cheap, but the quality will not disappoint you. I promise you that our product absolutely a good quality, if not, we can accept the return for full refund, but I think you will love it.

Please don't worry, and we will not disappoint you. You will get the best quality product and the best services that you never had before. Our company have been manufacturing the high-quality product for over 10 years and have more than 6 years for exporting product to overseas countries, also we have professional after-sale service team. So, it should be no problem for you to get the good quality, service and price from us.

Thanks.

Best wishes,

Walker

译文：

> 亲爱的朋友：
>
> 　　感谢你对我们的产品有兴趣。我同意你的看法，但是一些供应商的价格便宜，但质量并不是你想的那样好。我们的价格不便宜，质量也不会让你失望。我向你保证，我们的产品质量绝对好，如果不是，我们将全额退款，但是我想你肯定会喜欢。
>
> 　　请不要担心，我们不会让你失望的。你会得到你从未有过的最好质量的产品和最好的服务。我们公司生产高质量的产品超过 10 年，出口产品已经超过 6 年。我们也有专业的售后服务团队，所以质量、价格、服务都是没有问题的，请放心。
>
> 　　万分感谢。
>
> 沃克

【推广运用】

　　为了能够完美地应对常见客户的咨询，跨境电商从业人员不仅需要足够的耐心、细心，还需要具备完善的技能。这些技能包括对所经营的行业与产品有充分的了解，比如国内外服装尺码有巨大差异，客服就需要帮助客户挑选适合其身材的产品；了解国内外对电器的电压、电流、插头等各项技术指标要求的不同，要能够提供正确的产品。跨境电商从业人员还需要对整个行业的各个流程有较为透彻的掌握，以便提供高效、专业的咨询服务。最后，在与客户沟通的过程中，使用诚恳、准确的语言明确表达意思，不卑不亢，使客户得到良好的购物体验。

第三讲　跨境电商客户服务之售后服务

【典型案例】

培养海外买家忠诚度,卖家做好售后服务了吗?

据一项最新调查显示,如果英国消费者在网上购物后能收到卖家提供的相关后续信息,那么顾客对此类卖家的忠诚度要比对其他卖家高出 4 倍。

根据电商服务平台 Narvar 和 YouGov 的研究,61％的消费者希望在购买商品后与卖家进行快速和直接的沟通,这对千禧一代和 55 岁以上的人来说最为重要。

对于年龄在 24 岁以上的千禧一代来说,缺乏后续的沟通可能会让其中 25％的人感到恼怒。

大约 65％的消费者表示,如果第一次购物时体验到了卖家消极的物流服务,那么他们就会尽可能避免再次在此商家购买商品。

33％的消费者表示,如果他们在下单后,商家没有提供任何后续服务,比如准确的订单跟踪或商品操作指南,他们就不会再次光顾这家商店。

与此同时,25％的购物者表示,他们的头号难题是对订单状况缺乏清晰和准确的了解。

每 10 个购物者中就有一个在下单后希望看到后续的沟通内容,比如其他客户如何使用产品的例子和个性化的推荐等。25％的顾客表示他们只是希望得到一句简单的"谢谢惠顾"。

该调查涉及了 2957 名年龄在 21 到 65 岁之间的英国消费者在过去 6 个月里的网上购物数据。其中,近四分之一(24％)的人每周进行数次网购。据 Narvar 估测,获得新客户的成本至少是保留现有客户的 5 倍以上,这些调查数据对网络零售商的售后客户战略意义重大。

Narvar 的首席执行官 Amit Sharma 表示:"这些数据确实显示出,客户点击购买按钮并不意味着一项交易的结束。"

那些未能意识到售后体验重要性的电商卖家,错失了一个能真正发展忠实客户群体的机会,以及随之而来的经济利益。

【运作思维】

从上面这则调查结果可以看出,跨境电商卖家要获得稳定的业务增长不仅仅需要在开发新客户上下功夫,更需要为客户提供更好的购物体验,在将新客户转变为忠实客户上投入更多的精力。

一、售后客服概念

售后客服是指在产品销售之后,为客人提供订单查询跟踪指导、包裹预期到货时间咨询以及产品售后对接等服务的客服。

在电商行业中,绝大部分客户在下单前会与客服人员就产品问题、物流问题、费用问题进行多次沟通,下单结束后一般不会再次联系。一旦客户联系卖家,往往是客户发现产品或者物流或者其他服务方面出现了比较大的问题,而这些问题是客户依靠自己的力量无法解决的。因此,绝大部分情况下,客户联系客服人员时,都是带着投诉欲望来的。据统计,许多跨境电商卖家每天收到的邮件中,有将近七成都是关于产品和服务的投诉。比如下面这则案例就是客户对质量问题的投诉及卖家针对这一现象进行的自证。

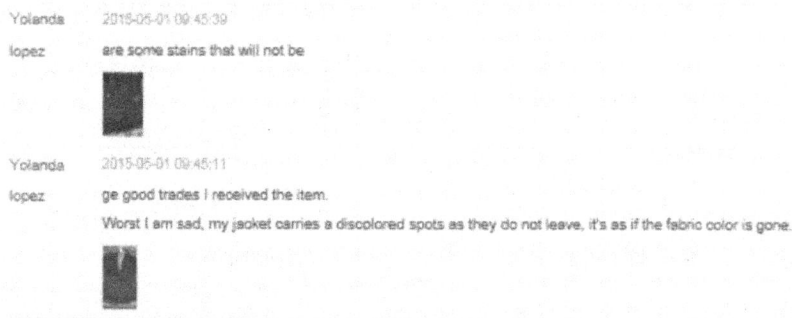

| Yolanda | 2018-05-01 09:45:39 |
| lopez | are some stains that will not be |

Yolanda	2015-05-01 09:45:11
lopez	ge good trades I received the item.
	Worst I am sad, my jacket carries a discolored spots as they do not leave, it's as if the fabric color is gone.

图 3-1　客户投诉示例

订单金额： US $ 18.62 (产品价格 US $ 18.62 + 可退运费 US $ 0.00)

* 建议的退款金额： ◎ 全部退款

◎ 部分退款 USD $ _____

◉ 不退款

* 拒绝买家纠纷方案的原因描述： The goods has arrived at the buyer's address as attached. |

仅支持，最多可输入个字符，请不要使用HTML代码。

附件证明： 增加附件 　　　　　　　　　　查看举例

图 3-2 卖家自证

二、售后客服常见问题

无论何种商业模式中，为了提高客户的购物满意度，当货物被发出之后，卖家通常会向买家发出一封通知，告知买家货物已经被寄出，这样可以使买家获得良好的购物体验。但是有的时候，会发生一些买家和卖家都不愿意看到的问题，比如长期未收到货、包装破裂使产品受损、货不对版、产品质量不好等情况，这个时候就需要卖家积极、主动地根据不同的问题采用不同的解决方法，尽可能让双方都满意。一般来说，售后客服主要会面对以下几种情况。

表 3-1　售后客服常见问题

类型	原因
物品没有收到	物流因素导致延迟
	下单时遗漏了
	仓库漏发
	运输时丢失
	客人提供的地址不对
	相关信息缺失,如联系电话
	海关清关导致物流延迟
	别的原因,如海关或邮局罢工、安防严检、极端天气、当地邮局处理能力等
物品描述不符	物流编号不对
	物流编号对,货物不对
	物流编号对,货物也对,但货物与客人预期不符
其他主动售后联系	联系客人告知交易状态并处理的相关信息;分阶段联系客人提供包裹的物流状态信息;不可抗力因素导致包裹延误时,向客人发送物流滞后等相关通知;发现问题产品时,主动联系下了同类订单的客户;热卖产品推荐及店铺营销活动邮件推送

（一）物品没有收到

针对"物品没有收到"的纠纷,通常的解决办法如图 3-3 所示。

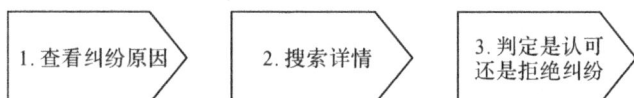

图 3-3　"物品没有收到"纠纷解决流程

这类问题主要表现为以下几种情况。

1. 由于国内节假日造成包裹上线延迟

Dear friend,

We sincerely regret that you've not yet received your shipment. As per the tracking information, your item is on the way to your country, which was sent on ×××××××.

Tracking No：×××××××.

Status：×××××××.

Shipped Date：×××××××.

Could you please kindly wait some more days? We are sorry that the delay is due to Holiday issue. If it still does not arrive your part in 15 days, we will send you a new one or issue the full refund for you.

Best regards,

Walker

译文：

亲爱的朋友：

您好!

我们很遗憾您还未收到您的货物。根据物流跟踪信息显示,您的物品正在去往您的国家的途中,它是由××月××日寄出的。

查询号:×××××××。

状态:×××××××。

发货日期:×××××××。

烦您再多等待几天,我们很抱歉由于节假日的原因造成延迟。如果它在15天内还未到达您那里,我们将给您寄一个新的产品或者全额退款给您。

致以诚挚的问候。

沃克

2. 包裹已离开中国,没有超过承诺送达时间时收到客户没收到货的反馈

Dear friend,

We sincerely regret that you've not yet received your shipment. As per the tracking information, your item is on the way to your country, which was left China on ××××××.

Tracking No:×××××××.

Status:×××××××.

Shipped Date:×××××××.

Could you please kindly wait some more days? Standard shipping times are approximately 7—15 business days. We will help you trace your shipment at our end and keep you informed the updates.

Your satisfaction is our utmost priority; please contact us if you have any concerns.

We apologize for the inconvenience. Your understanding is greatly appreciated.

Best regards,

Walker

译文:

亲爱的朋友:

我们很遗憾您还未收到您的货物。根据物流跟踪信息显示,您的物品正在去往您的国家的途中,在×××××××离开了中国。

查询号:×××××××。

状态:×××××××。

发货日期:×××××××。

请您再多等待几天,一般来说运送时间大约要7—15个工作日。我方将持续为您追踪货物并确保让您了解最新情况。

您的满意是我们最大的荣幸。如果您有任何的担忧,请联系我们。

给您带来的不便,我们深表歉意。非常感谢您的理解。

致以诚挚的问候!

沃克

3.包裹已离开中国,超过承诺送达时间,收到客户没收到货的反馈

Dear friend,

We sincerely regret that you've not yet received your shipment. As per the tracking information, your item is on the way to your country, which was left China on ××××××.

Tracking No:×××××××.

Status:×××××××.

Shipped Date:×××××××.

Could you please kindly wait another 15 days? If it still doesn't arrive at your part, we will send you a new one or issue the full refund for you.

Your satisfaction is our utmost priority; please contact us if you have any concerns. We apologize for the inconvenience. Your understanding is greatly appreciated.

Best regards,

Walker

译文:

亲爱的朋友:

我们很遗憾您还未收到您的货物。根据物流跟踪信息显示,您的物品正在去往您的国家的途中,在××月××日离开了中国。

查询号:×××××××。

状态:×××××××。

发货日期:×××××××。

请您再多等 15 天,如果货物仍然没有达到您那边,我们将寄一个新的给您或者给您全额退款。

您的满意是我们最大的荣幸。如果您有任何的担忧,请联系我们。

给您带来的不便,我们深表歉意。非常感谢您的理解。

致以诚挚的问候!

沃克

4. 包裹妥投,但是客户投诉未妥投

Dear friend,

We are sorry to hear that. Could you please kindly check with your other family members or neighbors?

If you still do not find the goods, please kindly help us to go to the local post for lost claim?

You just need to send us the claim copy, we will compensate to you right away after that and then talk with the post against your claim at our end.

Thanks.

Best wishes,

Walker

译文:

亲爱的朋友:

我们很抱歉听到这个消息,您能够向您的其他家庭成员或者邻居查找一下吗?

如果您仍未找到您的物品,能麻烦您帮助我们到当地邮局进行索赔吗?

您只需要寄给我们索赔文件副本,然后,我们会与邮局协商该问题,并给您赔偿。

谢谢。

沃克

5. 某些国家海关的严格检查造成货物延误,建议及时通知买家

Dear friend,

We are sorry to inform you that your shipment is delaying due to Customs Security Inspection issue, which will be out of customs in a couple of days.

We will keep tracing your shipment and let you know the updates.

Best regards,

Walker

译文：

> 亲爱的朋友：
>
> 　　我们很抱歉地通知您，由于海关的安全检查，您的货物延误了，但在几天之后就会出关。
>
> 　　我们将持续追踪您的货物并确保让您了解最新情况。
>
> 　　致以诚挚的问候。
>
> 沃克

6. 发错地址后，客户主动申请退款

> Dear friend，
>
> 　　We are sorry you didn't receive the package and we accept the cancellation.
>
> 　　Reminder：Normally buyer will receive the refund in 3—15 business days.
>
> 　　To show my apologies，could we give you a good discount or send you a gift when you order next time?
>
> Best regards，
> Walker

译文：

> 亲爱的朋友：
>
> 　　很抱歉您没有收到包裹，我们接受取消订单。
>
> 　　请注意：一般情况下，买方将在 3—15 个工作日内收到退款。
>
> 　　为了表达我们的歉意，在您下次下单时我们给您提供折扣或者送您一份小礼物，您觉得这样可以吗？
>
> 　　致以诚挚的问候。
>
> 沃克

7. 发错地址后,需要客户申请退款

Dear friend,

  We are sorry you can't receive the package; would you please kindly make a refund request?

  For more information, please check here:

  http://activities.aliexpress.com/adcms/help-aliexpress-com/make_refund_request.php

  We will accept the dispute ASAP and you will get your refund soon. To show our apologies, could we give you a good discount or send you a gift when you order next time?

Best regards,

Walker

译文:

亲爱的朋友:

  很抱歉您没有收到包裹,请您申请退款可以吗?

  有关更多信息,请查询:

  http://activities.aliexpress.com/adcms/help-aliexpress-com/make_refund_request.php

  我们将尽快解决这个纠纷,您很快可以拿到退款。为了表明我们的歉意,在您下次下单时我们可以给您提供折扣或者送您一份小礼物,您觉得这样可以吗?

  致以诚挚的问候。

沃克

8. 包裹被海关查扣,希望买家联系清关

Dear friend,

  We are sorry to inform you that your shipment is hold by your local Customs. Could you please kindly contact your local post for Customs Clearance?

  Please comment.

Best regards,

Walker

译文：

> 亲爱的朋友：
>
> 很抱歉地通知您，您的货物被你方海关扣留，您能否联系当地的邮局办理通关手续？
> 请回复。
>
> 致以诚挚的问候。
>
> 沃克

9. 物流遇到问题，重新发送

> Dear friend，
>
> We are sorry to inform you that your parcel is lost during the transportation. We will arrange the new shipment accordingly now. Hope it can match your purpose.
>
> Best regards，
> Walker

译文

> 亲爱的朋友：
>
> 很抱歉地通知您，您的包裹在运输过程中丢失了，我们将立刻安排新的装运。希望它能顺利到达目的地。
>
> 致以诚挚的问候。
>
> 沃克

10. 货物退回，换物流方式重新给买家发货，并延长收货时间

> Hi friend，
>
> Due to the overwhelming demand for logistics this shopping season，the original dispatch has failed.
>
> Don't worry! We have already dispatched your order with a different logistics company. You can track the new delivery of your order here：
> www. ××××××.com.
>
> We have also extended the time for you to confirm delivery.
>
> If you have any questions or problems, contact us directly for help.
>
> Best regards，
> Walker

译文：

亲爱的朋友：

您好！

由于这个购物季节对于物流的过度需求，原先的运输失败了。

但是不要担心，我们已经将您的订单分派给另一个物流公司，您可以在这里找到您的新的物流信息：www.×××××××.com.

我们还延长了您的确认收货时间。如果您还有任何问题或者困扰，请直接与我们联系。

致以诚挚的问候。

沃克

11. 经查询，货物已到达邮局

Dear friend,

I am sending this message to update the status of your order. The information shows it is still transferred by post office.

Tracking number：×××××××.

Please check the web：×××××××.

You will get it soon. If your country Post delivers it, please try to contact and urge them, maybe you can get it earlier.

Please note the package delivery status. Hope you love the product when you get our products.

Best regards,
Walker

译文：

亲爱的朋友：

现告知您的订单状态，信息显示，它仍在邮局派送中。

查询号：×××××××。

查询网站：×××××××。

您很快就能收到您的包裹，如果您当地的邮局延迟转交，请联系并且催促他们，也许这样您可以早点收到。

请您注意包裹的派件通知。希望您能喜欢我们的产品。

致以诚挚的问候。

沃克

（二）产品质量问题

针对"产品质量问题"的纠纷，通常的解决办法如图 3-4 所示。

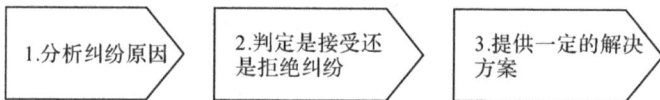

图 3-4 "产品质量问题"纠纷解决流程

这类问题主要表现为以下几种情况。

1. 质量没有问题

Dear friend，

Thanks for your pictures.

After reviewing the pictures，we found that it is under our specifications. The slight difference is allowed，which is also the same as our listing pictures.

We are sorry that you don't like it. To show our apologies，could we give you some discount or gift in you next order?

Best regards，

Walker

译文：

亲爱的朋友：

　　感谢您的照片。

　　看完照片后，我们认为这个误差是在产品规格的范围之内的。这种细微的差别是允许的，这与我们的产品图片一样。

　　我们很遗憾你不喜欢它，为了表示我们的歉意，在您下一次购物时我们可以给予您一些折扣和礼物，可以吗？

　　致以诚挚的问候。

沃克

2.因质量问题，需要重新发送

Dear friend，

　　Thanks for your pictures.

　　We are sorry that this is our quality issue. Ok，we will send you a new one for replacement tomorrow.

Best regards，
Walker

译文：

亲爱的朋友：

　　谢谢你的照片。

　　很抱歉，这是我们的质量问题，我们明天将给您换一个新的。

　　致以诚挚的问候。

沃克

3.因质量问题，需要退款

Dear friend，

　　Thanks for your pictures.

　　We are sorry that this is our quality issue. OK，we will issue the refund for you immediately.

Best regards，
Walker

译文：

亲爱的朋友：

感谢您的照片。

很抱歉，这是我们的质量问题，我们将立即为您退款。

致以诚挚的问候。

沃克

4.尺码有问题

Dear friend，

We are sorry to hear that.

Could you please kindly take some pictures for our evaluation? We will double check after receiving the pictures for you.

Looking forward to hearing from you soon.

Best regards，

Walker

译文：

亲爱的朋友：

很遗憾听到这个消息。

能拍照以便我们评估吗？收到之后，我们会再次核查。

期待尽快收到您的来信。

致以诚挚的问候。

沃克

5. 质量有问题,但不影响使用,需要客户自行修理

Dear friend,

Thanks for your pictures.

We are sorry that this is our quality issue, but could you please kindly help us to repair at your end? We are happy to cover the cost for you.

If it is workable for you, we will give you the $2 as the compensation.

Looking forward to hearing from you soon.

Best regards,

Walker

译文:

亲爱的朋友:

感谢您的照片。

我们很抱歉,这是我们的质量问题,您可以帮忙修理吗? 我们很乐意支付该笔费用。

如果您认为可行,我们会给您2美元作为补偿。

期待尽快收到您的来信。

致以诚挚的问候。

沃克

6. 质量有问题,不影响使用,给予下一次购买时的折扣或礼物

Dear friend,

Thanks for your pictures.

We are sorry that this is our issue. To show my apologies, could we give you a good discount or send you a gift when you order next time? Or could you give us a better suggestion?

Best regards,

Walker

译文：

> 亲爱的朋友：
>
> 　　谢谢您的照片。
>
> 　　我们很抱歉这是我们的问题。为了表达我们的歉意，当您下一次订货时，我们可以给您一个好的折扣或送您礼物，您觉得这样可以吗？或者您有更好的建议，请告知。
>
> 　　致以诚挚的问候。
>
> 沃克

7. 质量有问题，不影响使用，给予经济补偿

> Dear friend,
>
> 　　Thanks for your pictures. We are sorry that this is our issue. In order to show my apologies, we're glad to give you the $2 as the compensation.
>
> 　　Our product is so cheap that we really have no profit. Hope you can understand us.
>
> 　　Looking forward to hearing from you soon.
>
> Best regards,
> Walker

译文：

> 亲爱的朋友：
>
> 　　感谢您的照片。我们很抱歉这是我们的问题。为了表达我们的歉意，我们非常乐意给您2美元作为补偿。
>
> 　　我们的产品很便宜，没有利润可赚，希望你能理解我们。
>
> 　　期待尽快收到您的来信。
>
> 　　致以诚挚的问候。
>
> 沃克

8.尺码大小有差异

Dear friend，

Thanks for your pictures.

We are sorry that we do not find the size difference through the pictures.

Actually，we did inspect your item that was the same as you ordered before shipment. We are sorry that this size may not fit you properly. Due to current situation，and to show our apologies，we are willing to offer another $3 discount for this order.

However，some friends will accept the second plan that we send you a new one with 50% discount（and you cancel the dispute）without paying for the highly returning shipping fee.

Hope you consider it. Please comment. Thank you!

Best regards，

Walker

译文：

亲爱的朋友：

谢谢您的照片。

很抱歉，我们在图片上没有发现尺寸差异。

事实上，在物品被寄出之前，我们都会检查。很抱歉，这个尺码可能不适合你。针对目前的情况，我们愿意为这个订单再提供3美元的折扣来表示我们的歉意。

不过，有些朋友会选择我们提供的第二个方案，即如果您取消纠纷，我们将以50%的折扣给您一个新的，免运费。

希望你能考虑一下。谢谢！

致以诚挚的问候。

沃克

9.因质量太差需要退换货

Dear friend,

We are sorry for the quality problems and would pay more attention on the quality in the future.

We will accept your requirement and please kindly return the goods to the following address:

Attn：×××××.

Address：×××××.

Zip Code：×××××.

Phone：×××××××××××.

Please also be noted that the return cost should be accepted at your end. We will send you the new one upon receiving the return tracking number.

Some friends will accept the second plan that we send you a new one with 50% off discount and you cancel the dispute without paying for the highly returning shipping fee.

Hope you consider it. Thank you!

Best regards,

Walker

译文：

亲爱的朋友：

我们对质量问题表示歉意，今后对质量将给予更多的关注。

我们接受您的要求，请将货物退回到以下地址：

联系：×××××。

地址：×××××。

邮编：×××××。

电话：×××××××××××。

还请注意，退货费用应由你方承担。收到退货追踪号码后，我们会寄给你新的。

一些朋友会选择第二个方案，即如果您取消纠纷，我们将以 50% 的折扣给您一个新的，免运费。

希望您能考虑一下。谢谢！

致以诚挚的问候。

沃克

10. 客户说少发漏发,经确认我方没有问题

Dear friend,

We are sorry to hear that. How about the condition of the parcel when you receive? Please comment.

As per our shipping record, we confirm that we did ship all the items to you. Could you please kindly check at your end again?

Best regards,

Walker

译文:

亲爱的朋友:

很遗憾听到这个消息。你收到包裹的情况怎么样? 请告知。

根据我们的装运记录,我们确认我们已经把所有的物品寄出,请再次确认。

致以诚挚的问候。

沃克

11. 客户说少发漏发,但无法确认

Dear friend,

We are sorry to hear that. How about the condition of the parcel when you received? Please comment.

Besides, could you please kindly help us check the weight of the parcel? We will check with our forwarder whether something is missing during the transportation.

Best regards,

Walker

译文:

亲爱的朋友:

很遗憾听到这个消息。您收到包裹时是怎样的情况? 请告知。

请帮忙告知包裹的重量。我们会与货代核实在运输过程中是否有丢失。

致以诚挚的问候。

沃克

12. 发错货物

Dear friend，

We are sorry to inform that our warehouse staff shipped a wrong product to you. Can we resend you the correct one immediately? Please comment. If you do not need the reshipment，we can issue the refund for you accordingly.

Waiting for your instruction.

Best regards，

Walker

译文：

亲爱的朋友：

我们很抱歉地通知您，我们仓库的工作人员给您发运了一个错误的产品。我们可以立即重发一个正确的，可以吗？如果您不需要重发，我们将退款。

等待您的回复。

致以诚挚的问候。

沃克

13. 漏发货物

Dear friend，

We are sorry to inform that our warehouse staff forget to ship one of the product of you order to you，can we resend you this product immediately for you? Please comment. If you do not need the reshipment，we can issue the refund for you accordingly.

Waiting for your instruction.

Best regards，

Walker

译文：

> 亲爱的朋友：
>
> 　　我们很抱歉地通知您，我们仓库的工作人员忘了把您订购的产品中的一种运送给您。我们可以立即为您运送这个产品，可以吗？请告知。如果不需要重发，我们会退还相应的金额。
>
> 　　等待您的回复。
>
> 　　致以诚挚的问候。
>
> 沃克

（三）其他

1. 客户下单后发送感谢信

> Dear friend,
>
> 　　Thanks for your order. The order number is ×××××××.
>
> 　　We are now preparing the shipment for you and your order will be sent out in 2—3 working days by China Post Air Mail. We will keep you noted by the shipping tracking number sooner.
>
> 　　Keep in contact.
>
> Thanks and best wishes,
Walker

译文：

> 亲爱的朋友：
>
> 　　感谢您的订购。订购号为×××××××。
>
> 　　您的订单我们将会在 2—3 个工作日内通过中国邮政航空邮件派出。我们会尽快告知您航运跟踪号码。请您保持关注。
>
> 　　谢谢并致以诚挚的祝愿。
>
> 沃克

2. 买家付款完成后

Dear friend,

Thanks for your order. We are preparing the order accordingly for you, which will be available in 3 days.

We will send you the detailed shipping information by then.

Thanks and best wishes,

Walker

译文:

亲爱的朋友:

感谢您的订购。我们正在为您准备订单中的货物,三天内可发货。

届时我们将向您发送详细的运送信息。

谢谢并致以最诚挚的祝愿。

沃克

3. 客户下单后发现断货

Dear friend,

Thanks for your order. We are sorry to inform you that the item you ordered is out of stock now.

Could you please kindly change to other product? Here is the product information for your selection. The web link is ×××××××.

If there is no other players you are interested in, we can accept the order cancellation. Please kindly open a cancellation request at your end and do us a favor to choose the reason of "I do not want". Please do not choose the reason of "It is out of stock", which will affect our store performance a lot.

Please check here: *http://help.aliexpress.com/topquestions/cancel_order.html*

Thanks and best wishes,

Walker

译文：

> 亲爱的朋友：
>
> 感谢您的订购。我们很抱歉地通知您，您所订购的商品目前已无存货。
>
> 您能购买其他产品吗？这是符合您需要的产品信息，网址如下：×××××××。
>
> 如果您对其他产品不感兴趣，我们接受订单取消。请您操作订单取消的请求，但是原因选择"我不想要"而不是"没有存货"的，因为"没有存货"的理由会对我们商店的表现产生很大的影响。
>
> 请打开链接：http://help.aliexpress.com/topquestions/cancel_order.html
>
> 谢谢并致以最诚挚的祝愿。
>
> 沃克

4. 客户要求更改订单，但货物已经发出

> Dear friend，
>
> We have received your change of order，but we are sorry to inform you that it is too late to change for you，because we already arranged the shipment.
>
> Please kindly check whether you can use the item at your end. If not，please refuse the item when delivery and ask the post guy to return to us，we can arrange the correct one after receiving the return.
>
> Thanks and best wishes，
Walker

译文：

> 亲爱的朋友：
>
> 我们收到您的订单更改通知，但我们很抱歉地通知您，货物已出运，不能给您更换。
>
> 请检查您是否可以使用。如果不行，请在到货时拒绝收货，并要求邮政公司退回给我们，我们收到退货后将再重新寄一件新的。
>
> 谢谢并致以最诚挚的祝愿。
>
> 沃克

5.发货通知

Dear friend,

The item ××× you ordered has been already shipped out by China Post Air Mail. The tracking number is ×××××××××. We will also keep you noted of the shipping status. We hope you will get it soon. If you have any problems, please don't hesitate to let us know.

Thanks and best wishes,

Walker

译文:

亲爱的朋友:

您订购的物品×××已经通过中国邮政航空邮件派送。追踪号码是××××××××。我们将关注该货物的运输状态,希望您能尽快收到。如果您有任何问题,请告知。

谢谢并致以最诚挚的祝愿。

沃克

6.由于旺季、气候、战争等原因造成包裹延误

Dear friend,

We sincerely regret that you've not yet received your shipment. As per the tracking information, your item is on the way to your country, which was left China on ××××.

Tracking No:××××××.

Status:×××××××××.

Shipped Date:××××××.

Could you please kindly wait some more days? We are sorry that the delay is due to bad weather/war/peak season issue. If it still doesn't arrive your part in 15 days, we will send you a new one or issue the full refund for you.

Thanks and best wishes,

Walker

译文：

亲爱的朋友：

　　我们很遗憾你方尚未收到货物。根据跟踪信息,您的货物于××月××日出运,仍在途中。

　　追踪号码：××××××。

　　物流号：×××××××××。

　　发货日期：××××××。

　　请您再等几天好吗？很抱歉,延误是由于恶劣天气/战争/旺季问题引起的。如果15天内还没有到达,我们会给您寄一个新的或全额退款。

　　谢谢并致以最诚挚的祝愿。

沃克

7.因为物流风险,卖家无法向买家国家发货

Dear friend,

　　Thanks for your order, but we are sorry to inform you that the shipment may not be delivered to you in time due to your local post issue/ bad weather/ our post issue.

　　Can we hold the order now and arrange the shipment when the situation comes better?

　　If not, we can cancel the order accordingly for you. Please comment.

Thanks and best wishes,

Walker

译文：

亲爱的朋友：

　　感谢您的订购,但是很遗憾地通知您,由于您当地邮局的问题/恶劣的天气/我方邮局问题,货物不能及时交付给你方。

　　如果等情况好转,我们再安排装运,可以吗？如果不行,我们将取消订单。请告知。

　　谢谢并致以最诚挚的祝愿。

沃克

8. 快要到达确认收货时限，依然未妥投

Dear friend，

　　We have checked the tracking information and found your package is still in transit. This is due to the overwhelming demand for logistics in this shopping season.

　　We have also extended the time for you to confirm delivery. If it still doesn't deliver to you by then，we will arrange the new shipment accordingly or issue the refund for you.

Best regards，

Walker

译文：

亲爱的朋友：

　　我们已查询了追踪信息，发现您的包裹仍在运输途中。这是由于这个购物季节对物流的需求巨大。

　　我们还延长了你方确认交货期限。如果到那时还没有收到，我们会安排重新发货，或者退款。

　　致以诚挚的祝愿。

沃克

9. 货物退回，换物流方式重新给买家发货，并延长收货时间

Dear friend，

　　Due to the overwhelming demand for logistics this shopping season，the original dispatch has failed.

　　Don't worry! We have already dispatched your order with a different logistics company. You can track the new delivery of your order here: www.×××××.com.

　　We have also extended the time for you to confirm delivery. If you have any questions or problems，contact us directly for help.

Best regards，

Walker

译文：

亲爱的朋友：

　　由于这个购物季节对物流的需求巨大,货物没有寄出。

　　别担心。我们已经通过另一家物流公司发出了您的订单。您可以通过下面的链接跟踪您的订单:www. ×××××.com.

　　我们还延长了你方的确认交货期限。如果您有任何问题,请联系我们。

　　致以诚挚的祝愿。

　　　　　　　　　　　　　　　　　　　　　　　　　　　　　　　　　沃克

【推广运用】

　　古语有云"推己及人""知己知彼,百战不殆",今又有语"换位思考"。设想一下,如果我们是买家,在期待已久中盼来的是产生各种问题的产品时,会是怎样的一种心情? 伤心、难过、失望、焦躁,这些情绪会对卖家非常不利。因此,掌握相关的沟通技巧和语言技巧,充分了解事情的发展情况,帮助客户客观地认识问题,引导他们的情绪,积极提供解决方案,进而控制业务的发展,是成为合格的客服人员必须具备的一项素质。

第四讲　各国网络购物习惯之美国

【典型案例】

Daniel Wellington 如何从 3 万美元做到 2.28 亿？

电商难做,时尚行业的电商更难做。根据麦肯锡咨询的报告,时尚行业的市场规模已经达到 2.4 万亿,仅仅每年的广告支出就高达 10 亿美元。在这片竞争高度激烈的红海中,Daniel Wellington(以下简称 DW)创立者 Filip 一年的宣传投资还不及某些时尚品牌一天的广告费用。

然而,DW 却成为欧洲业绩增长最快的公司之一,取得了令人惊讶的成绩:3 年实现 47 倍的增长,年销售额已经达到 2.28 亿美元。美国成为其品牌主要市场,贡献了 14.53% 的销售额。DW 的成功包括了形象包装和各种营销造势。

一、网红营销

由于缺乏资金,无法在广告、明星等方面投入大量宣传资金,所以 Filip 想到借助社交媒体上的网红进行推广。这不仅可以降低成本,而且能够贴近生活,触及更大的用户群。

Filip 为 DW 设定了一个主题,讲了一个故事:自己在旅行中遇到一位名叫 Daniel Wellington 的英国绅士,佩戴着一块金属表盘＋尼龙带的手表。自己因此受到启发,成立了 DW,要做出一块"永不过时"的时尚手表。

接着,Filip 选取 Instagram 社交媒体作为平台去推广自己的手表。不同于 Facebook 等注重社交关系的平台,Instagram 的关注度完全是由"颜值"驱动。如果有人能够在 Instagram 上分享一些 DW 手表的酷炫图片,马上就可以获得海量的品牌曝光,根本无须在传统媒体上投入重金。

于是,DW 开始执行这项战略。

大量联系那些粉丝数量不多(2000—10000)的小网红,赠送他们一块 DW 手表。作为交换,他们要在 Instagram 里秀出手表的酷炫照片。这样一来,Filip

唯一的广告投入就是手表的生产成本,却换来了 DW 知名度的暴涨。

图 4-1　DW 在社交媒体上的宣传

二、煽动公众情绪

DW 并不仅仅是在 Instagram 上随便秀出图片,而是抓住了人们的三个心理:好奇心、渴求灵感、喜欢炫耀。所有的照片都力图打造这些"意境",促使人们纷纷点赞和分享。

在 6 年前的网络营销活动中,DW 是第一个玩转 Instagram 营销的公司,可以说 Filip 开创了数字营销的一股新潮流。更夸张的是,由于这么玩的公司越来越多,Instagram 被迫改变了平台规则——现在,网红们必须声明哪些照片是被赞助的。

DW 经过多年运营,创造出一种双赢的局面:网红们晒"高逼格"照片吸引更多粉丝,而 DW 通过网红给自己导流。并且,这引发了一股分享 DW 手表照片的潮流,Instagram 上甚至有一个专门的标签"♯DWMoments"。

现在,DW 更是邀请了超模肯达尔·詹娜来"晒表",拥有 8200 万粉丝的她立刻带来了 260 万点赞!

3 年实现 47 倍的增长,DW 的年销售额已经达到 2.28 亿美元。DW 手表都是在中国代工生产,因此毛利高达 50%,再加上 DW 从来不融资,Filip 本人在 2016 年净赚 1.48 亿美元。

【运作思维】

上述案例说明商机无处不在,美国在当时是网络普及率最高的国家,年轻人喜欢追求时尚、个性、潮流,热衷于社交网站。DW 品牌针对消费者猎奇、炫耀、粉丝效应等心理因素,将看似不搭的内容巧妙地结合起来,取得了巨大的成功。所以,如果要想做好跨境电商,就必须对目标市场进行充分的了解,如他们的需求、购物喜好、文化以及禁忌等。只有进行充分的了解,才能更好地进行选品。美国与中国文化、习惯、环境等方面因素有差异,一定会形成有别于中国消费者的消费习惯,了解美国市场买家的购物特点就成为卖家入驻美国市场必不可少的条件。下面我们就来具体看看美国消费者有哪些网络购物习惯。

一、美国人的消费需求

美国是世界上最大的消费品市场,人均年收入超过 3 万美元,美国市场上的日用消费品主要靠进口,而且需求量大,比如服装、鞋、箱包、礼品、小家电、家居、文具,大都依靠进口获得,因此,美国人消费能力强,消费意识也强。

美国素有"民族熔炉"之称,不同民族、不同信仰的居民保留了各自的传统,但是又完全按照典型的美国方式生活着,使得美国的人文景观呈现出丰富多彩的特征,消费结构也多元化、多样化,因此美国消费者对市场上各种商品的接纳性很强,极少排斥。同时,随着更加精准的营销方式以及网络的普及,购物渠道也更加的多元化。

表 4-1　美国人在主流渠道上的消费需求

场所 类别	网店	商场	网点	专卖店
保健、美妆品	29%	24%	18%	19%
电脑及电子产品	34%	32%	/	/
服饰品、鞋	43%	47%	27%	30%
影像制品、书籍	44%	28%	15%	21%
鲜花礼品	/	/	15%	19%

二、美国人的消费习惯

(一)美国人的性格及网络消费人群

每个国家的民众都有其独特的性格,人们常常谈及英国人的矜持、法国人的浪漫、日本女子的温婉等,同样,美国人的性格也有其明显特点。他们待人热情、开朗大方、易于接近。同时,他们不像法国人那样喜欢漫无边际的幻想,也不像英国人那样讲派头、要面子,比较独立进取、讲求实际,并具有冒险精神。

美国人对于所购商品,最注重的是商品的质量。在美国市场上,高中低档产品的价格相差很大,一件中高档的西服零售价可以在 50 美元以上,而低档的产品只卖 5 美元左右。同时,美国人对产品的包装也非常讲究。新颖、雅致、美观、大方的包装可以吸引买家的眼球,留下良好的购物体验。价格因素在美国人看来,排在最后,他们对价格不是特别敏感。因此,发往美国市场的商品,一定要以质量为上。

美国社会是一个民族大融合的社会,对各个种族的接纳程度非常高,不过在整个社会背景下,每一代人对于网购的态度又有各自不同的特点。

> 大兵一代:1901—1926 年间出生,这是目前美国最老的一代人。他们的思维往往偏于保守,对数字媒体几乎没有了解。

> 沉默的一代:1927—1945 年间出生,他们思维也比较保守,但比上一代要好。他们了解当下时事的途径往往是靠阅读报纸。

> 婴儿潮一代:1946—1964 年间出生,他们是战后的一代,也被称为"自我的一代"。这些人开始慢慢接受新科技,但并不追逐时尚。单刀直入的营销策略对他们而言效果不错。

> X 世代:1965—1980 年间出生,这个年龄层的人口数是最少的,他们见证了电视抢占了电台的过程,也更愿意使用社交网络。虽然他们并不太热衷于网络,但是约有 80％的人拥有 Facebook、Twitter 或者 MySpace 账号。

> 千禧一代:1981—1999 年间出生,这群人在社交网络和流行文化中的存在感最强,实际购买能力也最强。这一代人是网络消费的主体,因此也是媒体营销的首要目标。

> Z 世代:2000 年以后出生的人,现在他们大多还未成年,但已经有越来越多的营销开始针对他们。未来他们也会是六大群体中最多元化的一个。

Deepfield 的调查数据显示,在美国,Amazon(包括其旗下的品牌网站,如myhabit. com 等)成为 14％网购者的首选;其次是 eBay;第三名是来自加拿大的 2007 年 5 月才开始正式推出的 Shopify;之后是 Zappos、Quidsi 和 Shopzilla;在前六名之外,第七名是 Walmart,每天有 2.3％的网络访问量。(如图 4-2)不过,根据 ComScore 的研究,如果单看零售商自有网站(不包含拍卖网站),在"黑色星期五"那天,Walmart 的流量其实只排在 Amazon 之后。

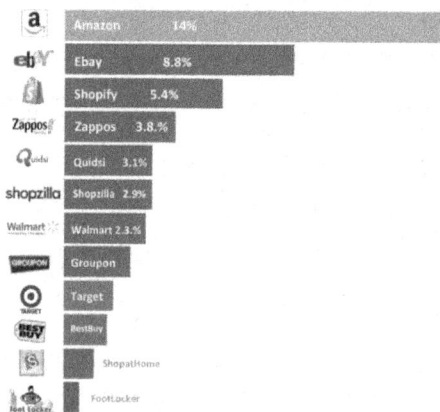

图 4-2 美国人网购选择排行

(二)美国人的消费特点及习惯

与其他国家一样,网购在美国人的生活中的比重越来越大,但是线下购物也还是美国人主要的购物方式。据调查,大多数的美国人会上网购物,因为网购不受时间、地点的限制,可以随时随地完成操作。但是 65% 的商品交易还是在线下完成的,因为网购的影响因素还有运费、线上产品无法触摸、物流速度、退换货等问题以及隐私问题。(见图 4-3)

美国人在网购时,注重的内容依次为:产品形象 78%,产品评价 69%,关联产品 46%,客户留言 42%,视频展示 30%,客户服务 22%,媒体报道 9%,店铺背景音乐 8%。(见图 4-4)

三、美国人的网购频率、网购时间和支付方式

(一)美国人的网购频率

皮尤研究中心对美国人的网购行为进行了研究。据悉,美国网购普及率高达到了 79%,但网购频率却不高,每周网购的人数仅占 15%。该研究以随机抽取的近 4800 个 18 岁及以上的人群作为调查对象,在调查的人群里,18 岁到 29 岁间的年轻人是网购的主力军,在移动设备上进行网购是他们的主要购买方式。而在 30 岁到 49 岁间的人群里,喜欢网购的比例为 87%,50 岁到 64 岁间的则为

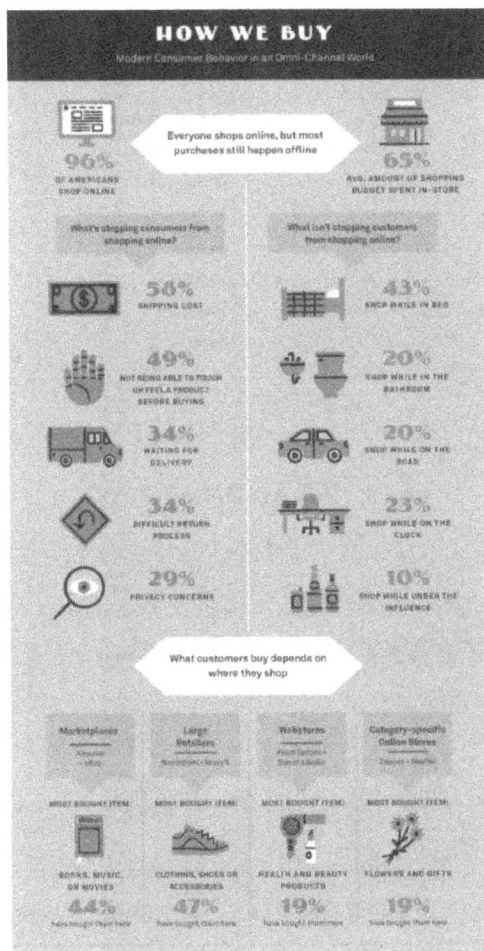

图 4-3 网购在美国人生活中所占的比重情况

72%。但是在这近 4800 名受访者里,每周都网购的仅占 15%,受访者中每月网购一次的占比为 28%,这意味着,占比过半的人都是隔好几个月才上网买一次东西,甚至还有一部分人从不网购。造成这种网购普及率高但网购频率低的根本原因,是美国本土居民十分重视线下购物带来的体验感。而线上唯一比较吸引消费者的因素就是其优惠的价格。但是价格并不是决定一切的因素,据报告表明,超过 82% 的用户会习惯性地去关注店铺的评价。有部分消费者对"差评"的购物反馈比较敏感,54% 的人会因此重新考虑是否购买,也有部分消费者更爱看好评,看重好评人数的比例为 43%。当然,也有 48% 的人对评论的真实性持怀疑态度。但无论怎样,就整体而言,美国电子商务正在逐步发展,2000 年第一

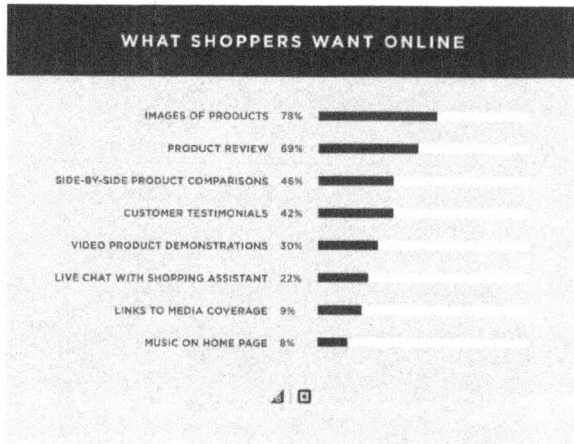

图 4-4 美国人网购时注重的内容

次对美国地区的网购情况做调研,当时网购普及率仅为 22%,到 2007 年时,该数字上升到 49%,而现在,美国当地的网购普及率达 79%。但目前看来,线下购物仍具优势,美国电子商务的成长还不足以撼动其在美国消费者的地位。

调查从以下几个方面展开。

1. 网购频率

图 4-5 显示,如果以网购频率年、月、周、日为横轴,以年代划分为纵轴,数据如表 4-2。

表 4-2 各个年龄层的美国人在单位时间的网购情况

时代	年	月	周	日
X 世代(生于 1965—1980)	9%	51%	30%	8%
千禧一代(生于 1981—1999)	11%	47%	31%	8%
婴儿潮一代(生于 1946—1964)	18%	55%	20%	1%
老年人(生于 1946 以前)	34%	42%	7%	1%

由此可见,购物群体主要集中在年龄五十岁以下的消费群体中,越年轻的群体,网购频率越高。

如果以网购频率年、月、周、日为横轴,以家庭情况和性别为纵轴,数据如表 4-3 所示。

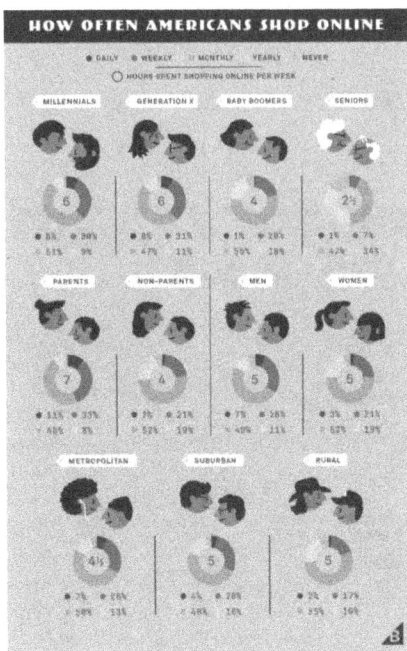

图 4-5　美国人的网购频率

表 4-3　按家庭情况和性别划分美国人单位时间的网购情况

家庭与性别	年	月	周	日
有小孩家庭	8％	46％	33％	8％
无小孩家庭	19％	52％	21％	2％
男性	11％	49％	28％	7％
女性	19％	52％	21％	3％

从上述数据可以看出,有小孩家庭的网购频率较高。

如果以网购频率年、月、周、日为横轴,以生活所在地为纵轴,数据如表 4-4 所示。

表 4-4　按生活所在地划分美国人单位时间的网购情况

生活所在地	年	月	周	日
城市	13％	50％	26％	7％
郊区	16％	48％	28％	4％
农村	19％	55％	17％	2％

从上述数据可以看出,由于美国网络覆盖面积广,不论是农村居民还是城市居民,网购频率都很高。尤其是居住在农村的人,由于购物不方便,每月网购的人占比达到了 55%。

2. 不同人群的网上购物习惯

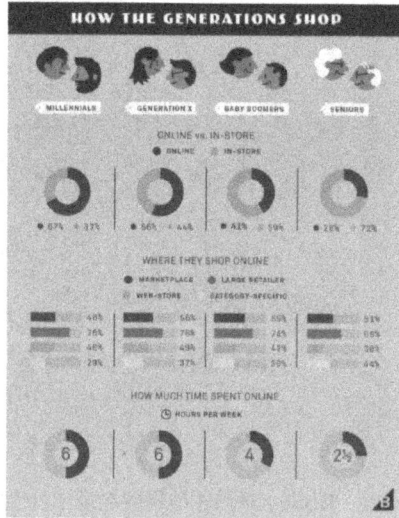

图 4-6　不同年龄段人群的购物习惯

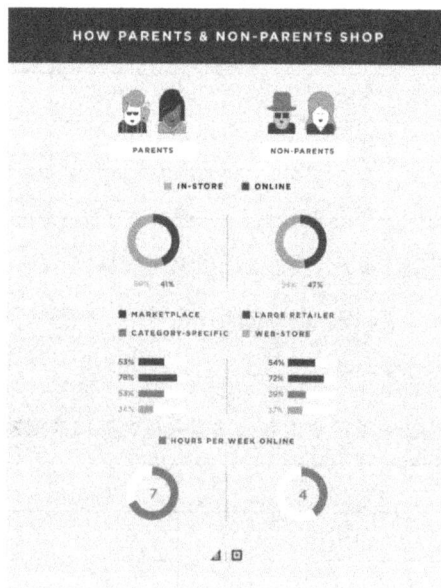

图 4-7　父母与非父母人群的购物习惯

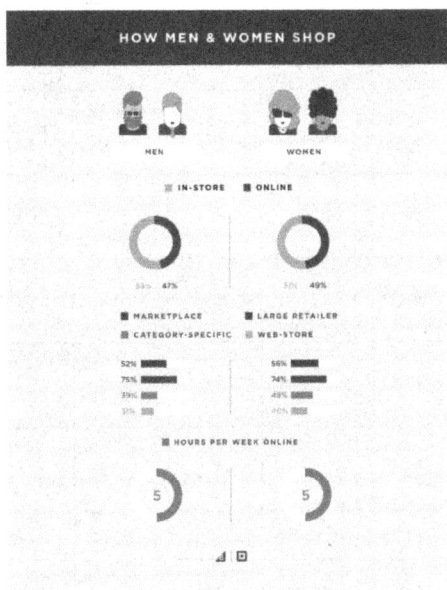

图 4-8　不同性别人群的购物习惯

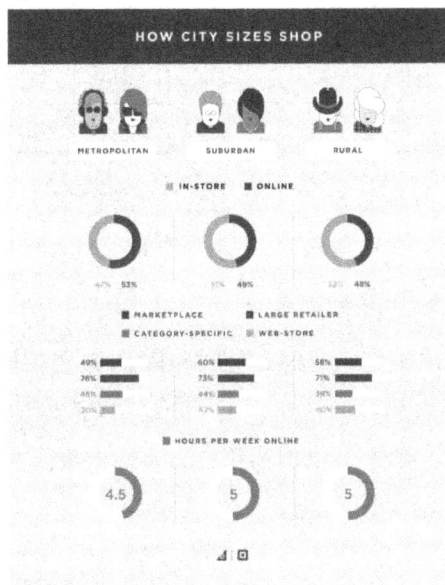

图 4-9　不同生活所在地人群的购物习惯

　　将图 4-6 至图 4-9 重新进行整合,不同年代、不同家庭、不同性别、不同地区在网购平台选择、网购方式、网购频率上都有所不同,如表 4-5。

表 4-5　不同人群的购物习惯

	购物方式		购物平台				每周网购花费时间
	线上购物	线下购物	集市	大型零售店	网店	专卖店	
（生于 1965—1980）X 世代	67%	33%	48%	76%	46%	29%	6 小时
（生于 1981—1999）千禧一代	56%	44%	56%	76%	49%	37%	6 小时
（生于 1946—1964）婴儿潮一代	41%	59%	59%	74%	42%	39%	4 小时
（生于 1946 年以前）老年人	28%	72%	51%	66%	30%	44%	2.5 小时
有小孩的家庭	41%	59%	53%	78%	34%	53%	7 小时
无小孩的家庭	47%	53%	54%	72%	39%	37%	4 小时
男性	47%	53%	52%	75%	31%	39%	5 小时
女性	49%	51%	56%	74%	40%	48%	5 小时
城市	53%	47%	49%	76%	30%	45%	4.5 小时
郊区	49%	51%	60%	73%	42%	44%	5 小时
农村	48%	52%	58%	71%	40%	39%	5 小时

从上图可以看出,67%的 80 后、90 后选择网购并且每周大约在网上花费 6 小时;72%的老年人在实体店购物,平均每周上网购物 2.5 小时。

（二）美国人的网购时间和地点

美国人喜欢有规律的作息时间,很少熬夜,因此他们网购的时间都会比较早。一般来讲,他们会在周日至周四晚上 11 点钟以前网购,再晚一点大部分都睡觉了。周五和周六会稍晚一些,因为第二天不用上班。此外,还针对美国人网购情景进行了调查,如图 4-10 所示。

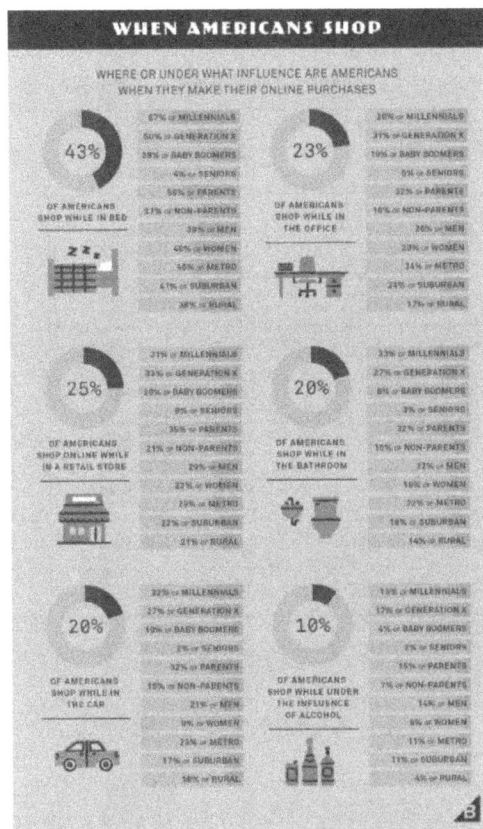

图 4-10　针对美国人网购情景的调查

将图 4-10 整合之后,可以看出美国人喜欢在放松的状态中进行购物,特别是在床上,比例高达 43%。千禧一代、X 世代、有小孩家庭是网购的主力军(如表 4-6)。

表 4-6　美国人网购情景

	喜欢在床上网购	喜欢在办公室网购	喜欢在零售店网购	喜欢在卫生间网购	喜欢在汽车里网购	发生在喝酒之后的网购
总计	43%	23%	25%	20%	20%	10%
X 世代 (生于 1965—1980)	67%	26%	31%	33%	32%	13%
千禧一代 (生于 1981—1999)	50%	31%	33%	27%	27%	17%

续 表

	喜欢在床上网购	喜欢在办公室网购	喜欢在零售店网购	喜欢在卫生间网购	喜欢在汽车里网购	网购发生在喝酒之后
婴儿潮一代 (生于 1946—1964)	28%	19%	20%	8%	10%	4%
老年人 (生于 1946 以前)	4%	5%	8%	2%	2%	2%
有小孩家庭	56%	32%	35%	32%	32%	15%
无小孩家庭	37%	18%	21%	15%	15%	7%
男性	39%	26%	29%	22%	21%	14%
女性	46%	20%	22%	18%	9%	6%
城市	46%	24%	29%	22%	23%	11%
郊区	41%	24%	22%	18%	17%	11%
农村	38%	17%	21%	14%	18%	4%

(三)美国人的支付方式

北美地区是全球最发达的网上购物市场,北美地区的消费者熟悉并习惯各种先进的支付方式。网上支付、电话支付、电子支付、邮件支付等各种支付方式对于美国的消费者来说都是常用支付方式。一般的美国第三支付服务公司可以处理支持 158 种货币的威士(Visa)和万事达(Master)信用卡,支持 79 种货币的美国运通(American Express)卡,以及 Paypal 都是他们常用的支付工具。

四、美国的节日和文化习俗

(一)美国的节日

美国当地节日众多,节日多,商机就多。每个节日都是一次商机的发掘,因此,商家要掌握当地节日,选择影响范围大的节日,进行节日促销活动和新品上线活动(如图 4-10)。美国当地有许多节日,下面我们就来了解一下其中最具特色的一些节日。

January	New year's Day/Martin Luther King Day(马丁·路德·金纪念日)
February	St. Valentine's Day/Washington's Birthday（总统节）
March	Popcorn Lover's Day
April	Easter/April Fool's Day
May	Mother's Day
June	Flag Day(国旗日）/Father's Day
July	Independence Day
August	American Family Day(美国家庭日)
September	Labor Day
October	Columbus Day（哥伦布日）/Veteran's Day
November	Halloween/Thanksgiving Day
December	Christmas

图 4-10　美国部分节假日

1. 新年

新年是全美各州一致庆祝的主要节日。美国人过新年,最热闹的是新年前一天晚上。深夜,人们聚集在教堂、街头或广场,唱诗、祈祷、祝福、忏悔,并一同迎候那除旧迎新的一瞬。午夜 12 点,全国教堂钟声齐鸣,乐队高奏著名的怀旧歌曲《一路平安》。新年在美国虽然并不是最热闹的节日,但仍有不少盛大的庆祝活动,加利福尼亚州的玫瑰花会是美国规模最大的新年盛典,用鲜花特别是玫瑰花扎成的彩车绵延数英里,车上摆满鲜花做的各种模型,不仅吸引加州的男女老少簇拥街头,而且还吸引着上百万电视观众。在费城,有举行化装游行的传统,参加游行的人们,有的装扮成小丑,有的装扮成妇女(按照古老的习俗,这个游行不允许女人参加),随着彩车载歌载舞,热闹非凡。美国人还有一个有意思的习惯,就是在新年许愿立志,他们称之为"新年决心"。这决心通常不是什么宏图大志,而是一些实际的打算,例如"我一定要戒烟""我要好好对待邻居"等。他们总是坦率地讲给大家听,以期得到监督和鼓励。据说美国的印第安人也有独特的新年习俗。每到除夕之夜,他们就举行富有特色的篝火晚会,一家人围在篝火旁边,载歌载舞。待至晨曦微露,他们就把破旧衣物付之一炬,作为除旧迎新的象征。伴随着新年游行的临近,用于装扮的服装、装饰物、衣服、玩具、厨房用品、电子产品都可以提前安排上架。

2. 情人节

每年的 2 月 14 日是 2 世纪殉教的圣徒圣瓦伦丁逝世的纪念日,这一天情人们互赠礼物。这个节日被称为海外 6 大节日之一,也是线上购物非常疯狂的节日。

美国的情人节，可不仅仅是年轻情侣会隆重庆祝。美国情人节，从老到幼都会参与其中，而且夫妻之间、父母和孩子们之间、师生之间、朋友之间都会互送糖果、互道祝福，可以算得上是"全民狂欢"了。在情人节这天，年长的丈夫要邀请妻子和自己一起外出共赴晚宴；年轻的丈夫要安排好一家人的情人节晚宴，给妻子赠送玫瑰花，还有的会买一件比较贵重的首饰送给妻子。丈夫除了要给妻子一个完美的节日外，作为爸爸还要给女儿买花和巧克力；而妈妈们也会在情人节给儿子买花和巧克力。小朋友会带着糖果或是心形的贴纸去上幼儿园，到了学校后，会将这里礼物分发给其他同学，小朋友们也会互赠礼物过情人节。学校里会有学生组织发放糖果或是巧克力类的精美小礼物；还有的教授也会在上课时给学生分发糖果。无论是单身还是恋爱的人，都可以收到充满祝福的礼物。有的大学食堂，还会专门准备情人节的主题晚餐。美国的各大商场也都会进行情人节的主题布置，各种的毛绒公仔玩具随处可见；粉色爱心包装的糖果和巧克力不仅琳琅满目，还非常便宜。大家都会购买一些礼物送给自己的朋友。美国的情人节是由美味的食物、盛装的礼服、娇艳多姿的鲜花、浪漫的灯光和精心挑选的礼物来烘托气氛的。总之，情人节在美国是一个十分隆重、浪漫的节日。因此，建议跨境电商卖家上架有浪漫色彩的产品，比如服装、珠宝、手表、饰品、包包、情趣用品等。

3.复活节

一般在每年春分后月圆第一个星期天，大约在3月7日左右，这个节日是庆祝基督的复活。复活节一般要举行游行，如同嘉年华一般，人们会打扮成各种著名历史人物、卡通人物，如耶稣、米老鼠等。一家人要在一起玩耍，做复活彩蛋游戏，然后围坐一桌，享用丰盛的美味佳肴，其中羊肉和火腿必不可少。吃完后，家长还会给小孩子礼物，典型的复活节礼物有鸡蛋、小鸡、小兔子、鲜花等，百合花最受青睐。这些礼物都跟春天和再生有关系。建议跨境电商卖家推出复活节相关产品的促销，比如各种材质的彩蛋、服饰、cosplay服饰、兔子玩具等。

4.华盛顿诞辰日

乔治·华盛顿作为美国的开国元勋和第一任总统而为美国人民永远纪念，其诞辰日2月22日是美国各州的法定假日。华盛顿是美国第一任总统，他连任两届，任期内为新生国家的巩固做出了巨大贡献。美国最高法院、国务院、财政部以及其他重要政府机构都是在华盛顿执政时设立的。1797年，华盛顿功成身退，他为美国确立总统内阁制，废除世袭制起了决定性作用。美国独立前，人们每年都要为英国国王庆祝诞辰。宣布独立后,美国人民转而庆祝华盛顿将军的生日。这一习惯始于 1778 年。当时华盛顿正率军坚守瓦利要塞,一支炮兵乐队在他生日之际为他演奏了小夜曲。华盛顿诞辰日已成为联邦各州的法定节日,届时各州都普遍举行隆重的公众活动、盛大宴会等庆祝活动。美国人在这一天还喜欢吃樱桃馅饼,玩纸制小斧,这一习俗来源于华盛顿幼小时用斧砍坏樱桃树后向其父诚实认错的故事。每到这个节日,美国全国就会放假,多数家庭愿意出行和旅游,针对这个节日,跨境电商卖家可以推荐箱包类、户外运动类产品。

5. 感恩节

11 月的第四个星期四是感恩节。感恩节是美国人民独创的一个古老节日,也是美国人合家欢聚的节日,因此美国人提起感恩节总是倍感亲切。感恩节的由来要追溯到美国历史的发端。1620 年,著名的"五月花"号船满载不堪忍受英国国内宗教迫害的清教徒 102 人到达美洲。1620 年和 1621 年之交的冬天,他们遇到了难以想象的困难,处在饥寒交迫之中,冬天过去时,活下来的移民只有50 多人。这时,心地善良的印第安人给移民送来了生活必需品,还特地派人教他们怎样狩猎、捕鱼和种植玉米、南瓜。在印第安人的帮助下,移民们终于获得了丰收。在欢庆丰收的日子,按照宗教传统习俗,移民规定了感谢上帝的日子,并决定,为感谢印第安人的真诚帮助,邀请他们一同庆祝节日。在第一个感恩节的这一天,印第安人和移民欢聚一堂,他们在黎明时鸣放礼炮,列队走进一间用作教堂的屋子,虔诚地向上帝表达谢意,然后点起篝火举行盛大宴会。第二天和第三天又举行了摔跤、赛跑、唱歌、跳舞等活动。许多庆祝方式流传了数百年,一直保留到今天。每逢感恩节这一天,美国举国上下热闹非常,人们按照习俗前往教堂做感恩祈祷,城乡市镇到处都有化装游行、戏剧表演或体育比赛等。分离了一年的亲人们也会从天南海北归来,一家人团团圆圆,品尝美味的感恩节火鸡。感恩节的食品富有传统特色。火鸡是感恩节的传统主菜,通常要在火鸡肚子里塞上各种调料和拌好的食品,然后整只烤出,由男主人用刀切成薄片分给大家。此外,感恩节的传统食品还有甜山芋、玉米、南瓜饼、红莓苔子果酱等。感恩节宴会后,人们有时会做些传统游戏,比如南瓜赛跑是比赛者用一把小勺子推着南瓜跑,规则是不能用手碰到南瓜,先到终点者获胜。比赛用的勺子越小,游戏就越有意思。多少年来,庆祝感恩节的习俗代代相传,无论在岩石嶙峋的西海岸还是在风光旖旎的夏威夷,人们几乎在以同样的方式欢度感恩节。感恩节是不论何种信仰、何种民族的美国人都庆祝的传统节日。围绕着感恩节,跨境电商卖家都会提前准备庆祝活动中需要的物品,推荐上架家居类和厨房用品类产品,以及温情的家庭类产品。

6.圣诞节

和其他西方国家一样,12月25日圣诞节是美国最大最热闹的节日。圣诞节里最典型的装饰是圣诞树,人们会在小杉树或小松树上挂满礼物和彩灯,树顶再装一颗大星。这些装饰都是有象征意义的,树上的彩灯象征耶稣给世界带来的光明,树顶的大星则代表耶稣降生后将三位东方贤士引到伯利恒的那颗星。除了圣诞树,冬青和槲寄生也是圣诞节里常见的点缀。美国人常常用冬青树枝编成花环挂在大门上,或是将几枝冬青摆放在餐桌上作为节日的装饰。还有一些家庭会在门框或天花板上悬挂一束槲寄生。每年的下半年开始,大小卖家就开始围绕着圣诞节需要的各种装饰品、礼品做着充分的准备,其实,任何产品只要能作为礼物,在这个节日都可以重点推广。

(二)美国的文化习俗

文化底蕴和背景的不同,导致不同的国家的人民在待人接物上会有所不同。在一个国家留学、做生意,就要深度了解当地的文化,一些社会上的禁忌是不可以触碰的。现在我们来看看美国社会有哪些禁忌。

1.不要称呼黑人为"negro"

Negro是英语里"黑人"的意思,尤指被从非洲贩卖到美国为奴的黑人,所以在美国千万不要把黑人称作"negro"。否则,黑人会感到你对他的蔑视。说到黑人,最好用"Black"一词,黑人对这个称呼会坦然接受。跨境电商从业者在产品开发和发布产品时候要注意产品上不要有带有"Negro"的字眼出现。

2.谦虚并非美德

中国人视谦虚为美德,但是美国人却把过谦视为虚伪的代名词。如果一个人自谦说英语讲得不好,接着又说出一口流畅的英语,美国人便会认为他撒了谎,是个口是心非、装腔作势的人。所以,同美国人交往,应该大胆说出自己的能力,有一是一,有十是十,不必谦虚客气,否则反而事与愿违。因此,在与美国人进行交流的时候,直截了当地表达自己的想法会受到对方的喜爱,切不可左右环顾而言他或者说得过于含蓄,甚至表达不明确。

3.凶日

美国视星期五为凶日,13也被认为是不吉利的数字。如果星期五又碰上"13"日这一天,那就更不吉利了。这样的日子,一些迷信的人会全天在家不出门,以此避免发生不吉利的事。

4.美国人的部分禁忌

美国人普遍喜欢猫,但对黑猫却有种种的禁忌,相反白猫却受人喜爱,被认为会带来好运。美国人忌讳用大象、孔雀作为服饰和商品装饰图案。美国人把猫头鹰看作聪明、智慧的象征;把蜗牛看作吉祥的象征,常用玻璃或其他材料制成精致的蜗牛模型,赠送亲友,表示亲切友好。美国人大多喜欢狗,而驴代表坚强、象代表稳重,他们分别是民主党和共和党的标志。他们还不喜欢榔头、蝙蝠这样的图案。美国人偏爱山楂花与玫瑰花,特别忌讳赠送带有公司标志的便宜礼物,因为这有义务做广告的嫌疑。

5.美国人的一些生活习惯

美国人有的偏爱白色,认为白色是纯洁的象征;有的偏爱黄色,认为是和谐的象征;有的喜欢蓝色和红色,认为是吉祥如意的象征。大部分美国人忌讳黑色,认为黑色是肃穆的象征,是丧葬用的色彩。他们喜欢比较浅色调的衣服和配饰,美国人讲究社交礼仪,在衣着上也逐渐形成了一种大家认可并尊重的风俗习惯。例如不宜穿着运动服在办公室办公,不能身穿晚礼服在大白天逛商店,不能穿背心出入公共场所,更不能穿睡衣出门,否则会遭人耻笑。在美国,多数公司都要求职员上班时穿公务套装。公务套装一般选用色调柔和的毛料制成,以蓝、灰、棕和青色居多。在非正式场合,衣着以随意、舒适、休闲为主。

五、美国的体育文化潮流

(一)流行的国家队球衣

美国人热爱运动,北美四大职业体育联盟,由 NFL（National Football League,美国职业橄榄球大联盟）、MLB（Major League Baseball,美国职业棒球大联盟）、NBA（National Basketball Association,美国篮球职业联赛）和 NHL（National Hockey League,国家冰上曲棍球联盟）组成。

图 4-11　北美四大职业体育联盟

NFL 的赛事是美式橄榄球最高级

别的体育联赛,重要性居四大职业体育联盟之首,是世界上最大的职业美式橄榄球联盟,也是世界上最具商业价值的体育联盟。每年的"超级碗"是美国现今最受欢迎的体育赛事。

MLB 的赛事是北美地区最高水平的职业棒球联赛,棒球传统以来被誉为美国国球。

NBA 于 1946 年 6 月 6 日在纽约成立,是由北美三十支队伍组成的男子职业篮球联盟,是世界上水平最高的篮球赛事。

NHL 的赛事是北美最大的职业冰球赛事,也是目前世界上最高水平的职业冰球比赛。

各大联盟比赛此起彼伏,热闹非凡。比赛期间,花球、喇叭、横幅、头箍、发带、各种贴纸等的需求量非常大。

(二)影视音乐时尚引领世界时尚风向

作为世界第一大国,美国不仅在体育上有强大的影响力,在文化上也汇聚了全球的各大音乐、影视文化盛典。美国金球奖、奥斯卡颁奖、格莱美颁奖、Billboard 音乐奖、AMA 全美音乐大奖,还有世界四大时装周之一的纽约时装周,无不引领世界文化潮流,成为时尚风向标,驱动相关产业蓬勃发展,令各大媒体、时尚界、影视界、粉丝翘首以盼。跨境电商从业人员如果可以紧紧跟随这些时尚潮流,则可以开发出更多流行、时尚的产品。

【推广运用】

节假日营销一直是跨境电商营销里很重要的一部分,因为在大多数国家,重要的节假日一般都会掀起一个购物的热潮。好的节假日营销策略不仅能短时间内提高销量、快速打造爆款,而且对于培育客户的忠诚度、提高卖家服务等级也都很有帮助。

"超级碗(Super Bowl)"是 NFL 的总冠军赛,是美国人气最旺的一场体育赛事,更是全美国一年一度的狂欢节。在这一天,有 1 亿以上观众观赛,每 8 个美国人就会有 3 个收看"超级碗",全世界有 171 个国家使用 23 种不同语言转播,是全美收视率最高的电视节目。而且超级碗不仅仅是一场比赛,更是一场饕餮盛宴——看比赛的人们在食物上的花费达到 5000 万美元,消耗 12.5 亿只鸡翅、150 亿瓶饮用水。此外,福布斯品牌估价公布"超级碗"的品牌价值达到 4.2 亿美元,完爆 3.6 亿美元的 NBC 电台、2.3 亿美元的奥运会、1.2 亿美元的足球世界杯、0.8 亿—1 亿美元的中国央视春晚,成为世界品牌价值第一。"超级碗"每年都会带来巨额广告费,32 个广告,每秒价值 15 万美元,美国人看广告总共花 630 万小时。各商家为了能出现在超级碗的直播中不惜血本,都削尖脑袋往里钻,哪怕只是露一下脸也好,"超级碗"被誉为"黄金碗"可谓实至名归。另外,"超级碗"的星期天是美国单日食品消耗量第二高的日子,仅次于感恩节。因此,它不仅仅是一场体育赛事,很多人把它比喻为美国的"春晚"。

美国家庭离婚率高,亲子关系的好坏会影响到孩子的成长,面对如此大范围的盛典,跨境电商从业人员可以设计一些亲子服,以比赛为线索,以回归家庭为主题,采用卡通的图案来衬托比赛的气氛,如体现"I am going to Super Bowl with my dad"等理念的家庭和温情类的产品。

第五讲　各国网络购物习惯之俄罗斯

【典型案例】

美国花生主产于佐治亚等州,曾经的总统卡特就是靠在佐治亚种植花生起家的。几十年前,一位美国黑人科学家经过了多次试验,研制出了特殊风味的花生酱,一下子风行全美。这种花生酱的加工技术独特,营养丰富,据说蛋白质含量超过了牛肉。当时,美国经济不景气,这种价格便宜的花生酱很快成为南方穷人的主要食品。后来,为了拓展海外市场,美国全国花生理事会依靠四种促销手段很快使美国花生酱在俄罗斯站稳了脚跟。

首先是免费奉送。苏联解体之后,俄罗斯出现了严重的经济危机,商品短缺,食品匮乏。美国布什政府同意向俄罗斯提供援助。美国的花生种植和加工者看准了这一机会,主动向俄罗斯提供了60吨花生酱。食物不足的俄罗斯人一吃到这种味道鲜美的花生酱,就舍不得放下了。

其次是大搞宣传活动。现在,美国花生酱的宣传活动已在莫斯科和圣彼得堡两大城市开展起来,美国人希望俄罗斯这两座"领导新潮流"的城市能首先热爱花生酱,然后把花生酱传到俄罗斯全国各地。

第三是投俄罗斯政府所好。俄罗斯外汇短缺,用珍贵的硬通货进口花生酱可能性不大。美国的花生大亨们于是对美国政府和俄罗斯政府开展游说活动,以期实施由美国现款援助俄罗斯购买美国花生酱的计划。美国全国花生理事会负责人说,对俄罗斯政府来说,牛肉短缺现象严重,用廉价的花生酱替代牛肉既可满足老百姓需要又能省钱,因此,俄罗斯政府赞同这一计划是很有可能的。

最后是抓住青少年。美国花生商的目标是俄罗斯青少年。美国的销售代表在莫斯科和圣彼得堡的学校里推销,促使各学校同意把美国花生酱列入学生午餐食谱中去。为了拉近感情,代表团携带了大批美国花生酱纪念章,在俄罗斯青少年中散发。

【运作思维】

上述案例给我们展现了一个成功的营销策划方案。在打入俄罗斯市场之前,美国花生酱的营销团队做了充分的前期分析、调查,然后通过不同的营销方式,比如热点地区大规模宣传,在短期内使得该产品得到大量民众的关注,进而通过与学校等机构进行合作,在味蕾上赢得了民众的喜爱,再结合促销活动的优惠价格,确保了各个阶层对自己产品的认可,从而走向了成功。跨境电商从业人员在选品以及营销手段方面可以借鉴一二:(1)前期做好选品的调查工作,并尽量做到全面、做到熟知本行业的产品,成为内行人;(2)抓住关键客户,没有任何一种产品是适合所有人的,你要做的是准确抓住重点客户,也就是锁定目标群体;(3)针对目标群体设计有针对性的营销方案,满足对方所想所需。

一、俄罗斯的消费需求

消费者的消费需求是十分重要的一方面,我们要根据消费者的需求采取不同的营销策略,有针对性地销售产品,正如前述案例中俄罗斯出现了严重的经济危机,商品短缺,食品匮乏,因此美国开始向俄罗斯提供花生酱吸引消费者,就是成功实行了营销策略。

那么如何在俄罗斯实施营销策略呢? 越来越多的人开始把目标投向这个新兴市场,在俄罗斯的竞争更是日益白热化。俄罗斯市场乃至整个俄语市场为什么有如此大的吸引力呢?

2016 年,俄罗斯总人口有 1.44 亿,网络用户超过 8580 万,手机普及率达到 45%,有网购经历的用户超过 3000 万,其中无线购物占比 53%,Facebook 的使用者也超过 1100 万。近几年来中俄贸易高速发展,预计到 2020 年,中俄贸易额将达到 2000 亿美元,其中中俄电子商务的发展尤为引人关注。作为"一带一路"沿线最重要的国家,俄罗斯被誉为跨境电商潜力最大的市场,且牢牢占据了中国跨境电商交易额的头把交椅。

据阿里巴巴全球速卖通统计,截至 2017 年,俄罗斯人买家总数达 2200 多万,相当于每 6 个俄罗斯人就有 1 个人在速卖通网购。男女购物比例为 1:2。

据俄罗斯电子商务协会统计,2013 年,俄罗斯人网购中国商品的订单数,在俄罗斯跨境网购总单数中占 40%;2016 年,俄罗斯跨境网购的海外订单量增加到约 2.45 亿个,其中 90% 属于中国,平均每天有超过 50 万个包裹从中国发到俄罗斯。

在 2016 年的"双 11"大促中,俄罗斯市场中的中国网络零售商销售总量增长了 25 倍。与 2016 年的销量相比,2017 年中国网上商店"双 11"的营收翻了 5

倍,采购总数增长了 4 倍,买主数量比 2016 年增长 4.5 倍。与平日相比,本购物节的消费者数量要多出 20 倍,采购中国零售商商品总额增加了 39 倍。购物狂欢节期间,俄罗斯用户在中国网上商店购物的年均件数少了,但金额却多了,比起 2016 年"双 11"来,2017 年的"双 11"平均发票额增长了 23%,达到 953 卢布,这个数字要比平常日高 1.5 倍,而且本次的人均付款次数较去年同期下降了 9%。

俄罗斯人最喜欢的中国货是女装、电子设备、男装。小米的产品和大疆无人机等,也通过速卖通成为俄罗斯的"网红商品"。此外,无线耳机、LED 汽车灯、新车空气净化器、不锈钢叠刀、卡通贴纸、山地自行车和 LED 深水捕鱼闪光灯等,是俄罗斯民众购买非常多的商品。对于电子产品,当地市场上的更新会比国内迟一至二代,就比如假设现在我们在用 iPhone 8,那么他们那边时下最火的产品就是 iPhone 6 和 iPhone 6s 等,这也是科技类产品热销的原因。对于服装类产品来说,因为俄罗斯地处北半球,每年的冬天都特别冷,羽绒服这类的保暖性产品也非常热销。

俄罗斯地大物博,从东到西距离达 1 万公里,只有一条大铁路,所以,准时派送在俄罗斯是有一定挑战的。俄罗斯有 11 个时区,也就是说俄罗斯的用户的购买喜好是会受到时区影响的。静静的顿河畔的罗斯托夫地区的人们最爱购买无线耳机、LED 汽车灯、黑长的假睫毛。伏尔加格勒地区的人们喜欢购买手机钢化膜、矿物泥面膜、新车空气净化器。新西伯利亚地区的喜欢购买不锈钢折叠刀、野营或户外生存使用的袖珍刀、折叠刀。圣彼得堡地区的偏爱卡通贴纸、山地公路自行车。北冰洋沿岸最大的港口城市摩尔曼斯克最爱 LED 深水捕鱼闪光灯。

此外,我们还可以通过不同的关键词进行分类,了解俄罗斯人的消费需求。

(一)按季节分

俄罗斯四季温差较大,营销的季节性很强,在发布商品信息时可以在标题关键词中突出当季热卖。如果是在冬天,当地气温会很冷,所以在室外要非常注重保暖,帽子、围巾、手套是必备品。女性还特别热衷于购买动物皮毛的外套,所以在冬季热销的商品有帽子、手套、围巾、五指分开的手套、皮草长大衣、皮草短大衣等。

(二)按生活方式分

俄罗斯人在外面和在家时穿的衣服不一样,在家一定会换家居服,洗澡完会披浴袍,睡觉的时候又穿上薄一点舒服一点的睡衣,所以家居服中,热销的有家居鞋、家居衣和睡衣之类。

俄罗斯人热爱运动。运动是他们生活的重要组成部分,他们会经常购买专门的运动服、运动鞋及配件,像运动、跑步、游泳装备之类的产品。

俄罗斯人(特别是年轻人和孩子)有度假的习惯,一般喜欢去海滩,所以会购买很多海滩上用的东西,像泳装、海滩上穿的衣服、沙滩鞋之类。

俄罗斯女性很喜欢追赶流行,时刻关注新款的服装、鞋、包。一些当季热门和热卖的,或新奇、创意、流行的商品比较受追捧。俄罗斯的成年女性不喜欢太过可爱的穿衣风格,他们更喜欢欧洲的性感风。俄罗斯男人比较高大,而且也有很多肥胖的人,所以对加大码的衣服有特殊偏好。俄罗斯用户较偏好看到欧美模特展示服装,认为衣服会较合身。

俄罗斯女性一般都会打扮、化妆,所以对美容类产品的需求大,但是她们更喜欢购买有品牌的化妆品,还有饰品、头饰之类。

（三）按场合分

很多政府及公司的员工都会穿西装,很多节日和正式场合也要穿西装,有些男士会配袖扣。

（四）按价格因素分

俄罗斯消费者对价格因素很敏感。价格在俄罗斯人的购买决策中占很大的比重,但也有一部分人更偏重有品牌的优质产品。

俄罗斯市场消费者通过跨境电商购物的主要两个原因是:较低的商品价格和更广泛的商品品类。来自中国的货物具有以上两方面的优势。

（五）按节日因素分

每逢俄罗斯重要的传统节假日,如元旦、圣诞节、洗礼节等,俄罗斯人都会给家人、朋友们购买礼物。商家可针对不同的节假日,推出合适的礼品,满足他们送礼的需求。

二、俄罗斯人的消费习惯

根据 Yandex 和 GFK 发布的一项研究报告可以看出,与中文网店相比,男人更喜欢从英文网站购买商品(54%),而大多数女性更喜欢从中文网站购物

(52％)。这种现象可能与购买的商品品类有关,女性购买的品类多为服装、饰品、儿童用品和家居用品。在中国市场上,这些低价商品被广泛使用。与此同时,男性经常购买的是电子产品和汽车配件。(见图 5-1)

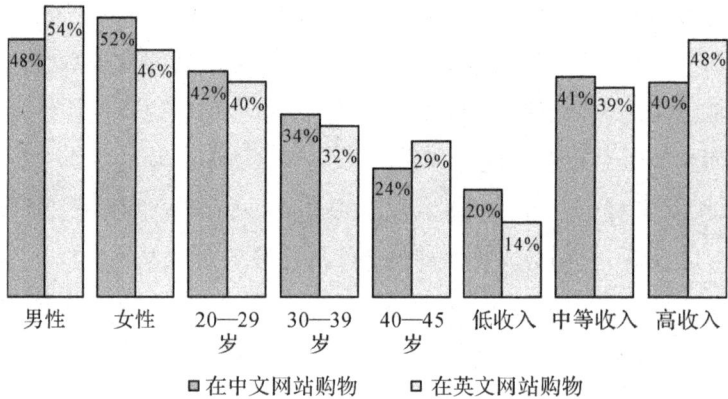

图 5-1 俄罗斯人的消费习惯

另外,通常跨境在线购物的核心年龄段为 20—29 岁,在俄罗斯,这个年龄组也是最活跃的一个年龄段,他们对国际支付方式有较深的了解。这个年龄段约有 40％的受访者习惯在英文网站购物。

俄罗斯人对商品和品牌忠诚度高,尤其是老年消费者,形成了比较稳定的态度倾向和习惯化的行为方式。俄罗斯用户对商品价格非常看重,追求性价比高的产品,所以商品的单价不能太高。每到大促,美国对中国的交易额不会有大幅波动,但是俄罗斯对中国的交易额往往能增长 10 倍,可见俄罗斯的消费者更看重性价比。

同时,俄罗斯人民不喜欢产品比较图,他们不需要知道产品使用前后的对比,真实地展现产品就是最好的促销。还有情绪化的图片也要避免使用,比如哭泣的儿童等。

俄罗斯人更喜欢页面里有较多的图片,而不是文字。建议卖家放更多质量好的大图,这也是当今互联网的趋势,图片能带来更直观的展示。

图 5-2　中俄购物网站对比

由于受到支付、物流、翻译等各种各样的原因影响,在跨境购物时的购物体验成为俄罗斯人非常关注的问题。据相关机构的统计数据,俄罗斯大城市的买家希望通过快递派送,他们希望订单派送越快越好,而一些农村地区的人就不得不选择通过邮局收货。另外,在俄罗斯还有一些货到付款的支付方式。

有数据显示,在俄罗斯 25 大主要网络品牌名单中,出现了 5 个互联网交易平台。它们是 Avito、AliExpress(速卖通)、Yandex. Market(Yandex. 市场)、Yula 和 Ozon(亚马逊)。其中,速卖通排第 9 位。

三、俄罗斯人的网购频率、网购时间和支付方式

(一)俄罗斯人的网购频率

俄罗斯的互联网普及率为 48%,这个比例并不算高,但是增长迅速。俄罗斯电子商务市场的发展并未受此影响,自全球经济衰退以来,俄罗斯用户的网购支出增长了 12%,不过用于网购的可支配收入比例为 18%,仍然低于全球平均水平的 23%。网购欺诈的经历者比例为 12%,略低于全球平均水平的 14%,但约有 3/4 的消费者对网购安全感到担忧。

俄罗斯的移动设备普及率与全球平均水平相当,智能手机普及率为 50%,全球平均水平为 51%;平板电脑普及率为 17%,全球普及率为 21%。不过移动设备购物在俄罗斯并不太受欢迎,只有 13% 的网购通过智能手机完成,还有 7% 的网购通过平板电脑完成。积极的一方面是,57% 的俄罗斯受访者表示有意在未来一年内使用智能手机或平板电脑购物。

俄罗斯网购市场情况在东西部差距较大。俄罗斯是一个高度复杂的市场,

横跨了两大洲,不同地区的宽带普及率和人员的电脑水平有着明显差异,通过图5-3可以看到不同地区的互联网用户分布情况。

图 5-3 俄罗斯不同地区的互联网用户分布

一般来说,中心城区占据了国内电子商务市场的大部分规模,莫斯科平均市场规模约为其他地区市场规模的 10 倍。据俄罗斯用户对外国搜索兴趣的报告显示,中国在排行榜中位居第四名,每月搜索量均达到 410 万次,占国家相关的总搜索量的 5%。在俄罗斯各地区中,西伯利亚与远东地区的居民对中国的兴趣最强。

据俄罗斯卫星网报道,俄罗斯人在网上交易的网站和应用程序上花费几乎1/10 的上网时间。而其中有 90% 时间被花在应用程序上,大致为每月 5.5小时。

据统计俄罗斯的网购者占总人口的比例在增长。如果 2016 年网购者占年龄处于 16—55 岁之间整个俄罗斯网民数的 25% 的话,则 2017 年迄今这一数字已增至 30%,达 240 万人。

(二)俄罗斯人的网购时间

全球来看,消费者在后半天支出更多,74% 的全球网购交易发生在中午到午夜期间,其中大多数(44%)发生在傍晚。因此,全球网购的"黄金时间"是晚上20 时 40 分左右,因此,在线零售商可以在这个时间段启动促销活动,例如折扣销售、特价销售,或者独家销售。(见图 5-5)

在夜间购物的女性消费者的份额(52%)大于男性消费者的份额(46%)。最经常在夜间网购的用户是圣彼得堡(58%)与西北联邦管区(52%)以及莫斯科与

俄罗斯城市网上购物者数量占俄罗斯
全国网上购物者数量的百分比（2013）

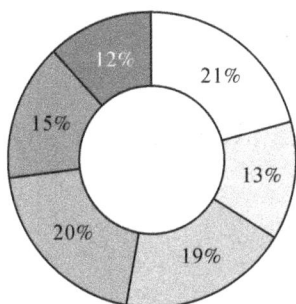

- 莫斯科21%
- 居民数大于一百万的城市13%
- 居民数介于二十五万到一百万的城市19%
- 居民数介于五万到二十五万的城市20%
- 居民数少于五万的城市15%
- 乡村地区12%

	2012		2015	
	地区 (主要城市以外)	都会城市 (莫斯科和圣彼得堡)	地区 (主要城市以外)	都会城市 (莫斯科和圣彼得堡)
网上购物者百分比	59%	41%	69%	31%
网上订单百分比	56%	44%	66%	34%
网上销售百分比	47%	53%	57%	43%

数据资料来源：Data Insight

图 5-4 俄罗斯各地区网上购物者规模

莫斯科州(50%)的居民。（见图 5-5）

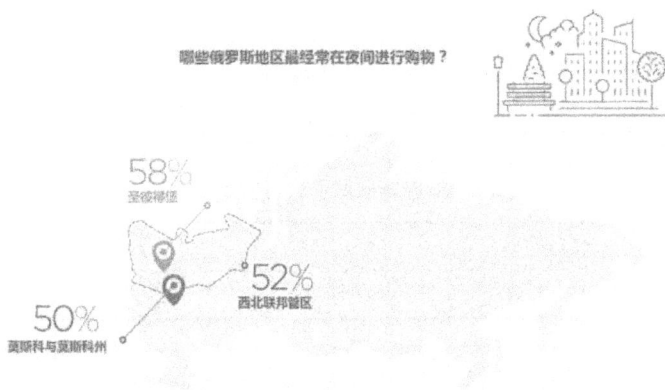

哪些俄罗斯地区最经常在夜间进行购物？

58% 圣彼得堡

52% 西北联邦管区

50% 莫斯科与莫斯科州

图 5-5 俄罗斯各地区夜间购物情况

调查数据显示,59%的俄罗斯人喜爱在夜间购物,他们把自己视为内向的人。同时,有业余爱好的人、晚上工作的或需要干家务的用户会倾向于在晚上 9

点钟后在网上购买产品。大多数受访者表示,他们夜间购物的原因包括:(1)白天没有空(占比为59%);(2)夜间没有人打扰他们(占比为16%);(3)夜间购物更方便(占比为9%)。

此外,34%的俄罗斯人喜欢提前计划购物,28%的人在白天就开始挑选产品。晚上9点钟后消费者最经常购买服装、鞋类与配饰(占比为16%),以及电子产品与家用电器(占比为15%)。

(三)支付方式

不同市场的消费者对电子钱包的用途理解是各不相同的。

那么,对于俄罗斯消费者而言,电子钱包的意义是什么呢?

俄罗斯本土企业 Yandex. Money 的对外交流负责人 Anna Kovaleva 表示,在俄罗斯消费者看来,电子钱包已经是足够安全的支付手段,所以用户使用电子钱包时更多的并不在于担心自己银行卡是否安全,而是想使用电子钱包内的一些服务。

跟中国不一样,在俄罗斯应用上进行支付并不需要跳转到电子钱包内。支付方式已经通过基础链接嵌入 App 里面,消费者不需要离开应用即可完成支付。

除了支付手段多种多样外,俄罗斯支付平台和相关企业很多,但却没有一家能占超过50%的市场份额,达到绝对垄断的地位。

此前,MARC 国际研究中心对比了11.6万个俄罗斯从事网上购物支付和网上服务支付的网站,其2016年第四季度的数据显示,俄罗斯网站共采用大致有100种支付平台和网关。其中,占有份额最高的为 Yandex. Money,高达29.6%;Robokassa 排名第二,占10.3%;Payeer 为第三,占4.6%。(见表5-1)

表 5-1 俄罗斯网站十大付款平台排行

名称	占比(%)
Yandex 支付	29.6
Robokassa	10.3
Payeer	4.6
UnitPay	4.2

续　表

名称	占比(%)
Wallet One	3.6
Interkassa	3.6
PayAnyWay	2.9
RBK Money	2.2
PayMaster	1.9
Plarron	1.8

四、俄罗斯的节日和文化习俗

每个国家最具特色的民族文化应该就是节日了,俄罗斯也不例外。

(一)传统节日

1. 谢肉节(送冬节)

谢肉节是俄罗斯传统节日里的大节。它在复活节前的第八周,为期七天。按照民间惯例,每一天习俗都有所不同。第一天是迎春日;第二天是娱乐日;第三天是美食日;第四天是醉酒日;第五天是岳母晚会日(岳母在这一天要宴请新婚的女婿);第六天是小姑子相新嫂子日 (这天未婚女子要拜访未婚夫的姐妹们);第七天是送冬和宽恕日(人们互相串门,请求对方宽恕自己的言行) 。

现今,谢肉节已成为历史名词。这个节日已演变为"俄罗斯之冬狂欢节",又称"送冬节"。陈旧落后的祭祀仪式已消失,人们用自己喜爱的方式欢度送冬节,欢庆春天和春耕即将到来。俄罗斯各地的节日时间也不一致,一般在 2 月的最后一个星期日或 3 月的第一、第二个星期日。

节日期间,各地都有丰富多彩的文体表演和各具特色的游艺活动,还要进行规模巨大的化装游行。这是群众性的狂欢活动,从小孩到老人都可以参加。他们戴着各种面具,穿着奇装异服,有的装扮成国王,有的装扮成贵妇,有的装扮成神父和武士……游行结束后还要评选出最佳服装奖。

除此之外,人们还喜欢乘坐用花环、彩带、铃铛装饰的三匹马拉的雪橇,奔驰在白茫茫的田野上,欣赏大自然的美景。

针对这一习俗,跨境电商从业者可以从花环、彩带、铃铛、雪橇等道具以及化装游行要用的面具、奇装异服入手,发布一些服装类以及道具类的产品。

2. 春耕节

春耕节一般在每年积雪已经融化、春耕生产即将开始时举行。

在春耕节里,古俄罗斯人习惯吃黑麦烤成的犁形和耙形面包;春耕的第一天,他们穿着干净的衣服,带着面包、盐、鸡蛋下地。当犁好三条垄沟后,便拿出面包和盐,自己吃一些,其余的喂牛,之后把鸡蛋埋在土里,以祭祀大地,祈求这一年风调雨顺、五谷丰登。

今天,俄罗斯农民不仅保留了这种仪式,而且又增加了新的内容。春耕节这一天,村民们要举行盛大的仪式,欢送拖拉机手们下地开耕。村里的姑娘们化装成春姑娘和仙女,她们乘坐的彩车行驶在春耕队伍的最前面,后面是化装的村民,再后面是拖拉机、播种机,最后的是装着巨大黑麦面包的汽车,车上站着两位盛装少女,进行护送。田地里,一位妇女头戴金冠,身穿褐色长袍,装扮成大地母亲,她在四位少年的陪同下,来到春耕队伍前面。春姑娘向她献上洁白的雪球花后,少女们捧上节日的黑麦大面包。"大地母亲"将面包掰开,抛撒给众人。之后,乐队奏起雄壮的乐曲,最优秀的拖拉机手犁出第一条垄沟,春耕就正式开始了。

在春耕节的这一天,跨境电商从业者可以发布一些金冠或颜色艳丽的服装产品以迎合这一习俗。

3. 诗歌节

6月6日是俄罗斯的诗歌节。这个节日是为了纪念俄罗斯的伟大诗人普希金而设立的,因为他诞生在1799年的6月6日。他不仅闻名于俄罗斯,而且也闻名全世界。他的著名作品如长篇叙事诗《叶甫盖尼·奥涅金》、中篇小说《上尉的女儿》等深受广大读者的喜爱,俄罗斯人认为普希金是民族规范语言的奠基者。自1880年6月6日起,诗歌节也被称作普希金节,这天在普希金广场上竖起了普希金纪念碑,这是俄罗斯人为诗人而建的第一座纪念碑。

俄罗斯人一般在普希金生活过的莫斯科和圣彼得堡庆祝普希金节。人们观看演员、学者、诗人表演普希金的作品,人们在这一天谈论的内容都与诗人和他的作品有关。

在诗歌节的当天,跨境电商从业者可以在网上发布一些普希金的作品集或者是有关普希金的纪念品来吸引消费者。

4. 桦树节

6月24日是俄罗斯人的桦树节,它原名夏节。这个节日的主角是白桦树。

白桦树是俄罗斯的象征,堪称俄罗斯的"国树"。

节日这天,人们用白桦树装饰家里的各个角落,购买擦澡用的"桦树枝浴帚"作为节日的纪念,商店里也用白桦树树皮制作的图案和标志来装饰橱窗。人们来到公园、广场、河边和林中空地,坐在草地上、树荫下,喝着啤酒等饮料,唱歌跳舞做游戏,一直狂欢到第二天天亮。对于终年辛劳的农民来说,在桦树节这天尽情欢乐,可以消除疲劳,以便能精力充沛地投入紧张的麦收。

针对十分具有特色的桦树节,跨境电商从业者可以在平台上发布一些用白桦树树皮制作的产品来吸引消费者购买。

5. 新年

在俄罗斯,新年是最重要的节日之一。页面营销和横幅广告制作时要注意围绕着美好、轻松、平静这几个关键词,营造温暖的氛围,切勿展现得过于激进。有别于美国的圣诞老人,俄罗斯的新年象征是冰之父和他的孙女。欧美的圣诞老人形象在俄罗斯是不被接受的,俄罗斯人民更喜欢本民族的冰之父还有他的孙女。因此,销往俄罗斯的产品就要有别于欧美圣诞节常见的服装、装饰物等,而是应该准备具有俄罗斯特色的舞会服装、舞台道具、枞树的装饰物等。

6. 妇女节

国际妇女节时,俄罗斯的妇女并不希望收到厨房相关的礼物,而是更希望收到花、巧克力、装饰品等礼物。俄罗斯妇女希望在这一天变成一个最温柔的女人,而不是收到一个全新的电饭煲,被鼓励继续做好家务。页面装饰色最好是清淡、温暖色系的,诸如粉色、橘色。8 这个数字虽然是可以用的,但是花朵的数量要格外注意,偶数的花朵是俄罗斯人民参加葬礼时才会使用的,所以检查图片中花朵的数量是有必要的。

7. 国庆节

俄罗斯的祖国保卫日即国庆节,也是男生节。白俄罗斯、哈萨克斯坦等国家都非常喜欢这个节日。同时,网站设计者在这天最好把日期放在页面和横幅广告上。如果你放上去的图片里有坦克或者其他军事武器,但你又不知道是哪个国家的,最好先去做一下了解。俄罗斯人民对武器和军装都很熟悉,切勿放上了其他国家的武器图片,他们对此十分反感。模特的图片也需要慎重,最好是强壮的、有军队风格的图,带一撮胡子,能够展现父爱则最好。温柔、女性化的模特应该避免使用。这段时间,促销页面最好的装饰色是军队化的绿色。

8.情人节

俄罗斯的情人节与世界上大部分国家没有太大差别,主要的注意点是应该避免使用蓝色,而应该用温暖亮丽的颜色。这天可以尽情地用大红色来展现出情人节气氛。

情人节当天比较火爆的送给女性的礼物包括时尚产品、化妆品、香水、内衣等,送给男性的有时尚配饰、剃须刀、香水等。

(二)主要禁忌

为了充分了解消费者的需求,我们不仅要了解目标国的节日习俗,在与消费者交流、产品上新的过程中还要注意避开他们的禁忌。

表 5-2　俄罗斯人的禁忌

普通禁忌	1.忌讳黄色,俄罗斯人认为黄色是不吉利的颜色,送礼时一般忌讳送黄色的东西,衣服也忌讳纯黄色。 2.忌讳五月成婚。一般俄罗斯人忌讳在五月成婚。认为这个月里的婚姻是充满了苦难、很失败的婚姻。 3.忌讳就餐时照镜子,就餐时不可以照镜子,也不能戴帽子坐到餐桌旁,这些被认为会招来不幸。 4.忌讳送蜡烛。俄罗斯人通常将蜡烛认为是能带来死亡的不祥之物,因而送此物等于诅咒对方早日死去。 5.忌讳学猫头鹰叫。这预示着人将受到死亡的威胁。
交际中的禁忌	1.忌交叉握手。 2.忌议论妇女长相。 3.忌询问妇女年龄。 4.忌过分赞美。 5.忌恭维身体健康。 6.忌隔着门槛交谈和握手。 7.忌 1 根火柴点 3 支香烟。 8.忌提前祝贺生日。 9.忌用手指点对方。 10.忌做"不速之客"。
数字禁忌	1.忌数字"13"。 2.忌星期五。 3.忌双数。

续 表

生活中的禁忌	1.忌黄色。 2.忌坐桌角吃饭。 3.忌看见兔子或黑猫横穿道路。 4.忌左脚先下床。 5.忌用死人触摸过的东西。 6.忌结婚日下雨。 7.忌在亲人离家远行时打扫房间。 8.忌打翻盐罐。 9.忌把面包底朝天倒放。 10.忌把吃剩的主食留放在盛骨头的盘内。 11.忌用刀把食物送进嘴里。 12.忌在房屋里吹口哨。 13.忌将衣服穿在身上缝补或缝纽扣。 14.忌妇女不戴头巾进教堂。 15.忌缝制衣服时线缠在一起。 16.忌反穿衣服。 17.忌考试前理发。
送礼时的禁忌	1.忌赠送刀叉等有利刃或齿状物品。 2.忌送手帕。 3.忌送蜡烛。 4.忌送野花。 5.忌送黄色和三色以上混杂的花。 6.忌送活猫。 7.忌送空钱包。

五、俄罗斯特产

俄罗斯特产众多,伏特加酒和套娃是人所共知的民族特色。

1. 伏特加酒

伏特加酒被称为俄罗斯的"国酒"。由于俄罗斯的冬季漫长又寒冷,当地人民会饮用伏特加酒来御寒保暖。久而久之,越来越多的俄罗斯人习惯在餐桌上饮用伏特加酒,这种酒十分受当地人们的喜爱。

跨境电商平台不可以出售酒精类产品,但是推出一些可以盛伏特加酒的杯子、便于携带酒水的容器或者开瓶器等具有特色的、设计又时尚的产品不失为一种选择。

2. 俄罗斯套娃

俄罗斯的特产除了伏特加酒,还有一个比较有名,那就是俄罗斯套娃了。这种木制的空心娃娃,图案大多是穿着俄罗斯民族服装的姑娘,一个套一个,很是可爱。俄罗斯套娃的另一个名字叫作"玛特罗什卡",很多俄罗斯的孩子都会拥有一套可爱的套娃,非常具有俄罗斯的民族风情。来到俄罗斯游玩的游客可以购买一些送给小朋友,相信一定会让孩子们爱不释手的。此外,俄罗斯的锡器工艺品、琥珀制品、水晶、毛麻手工制品、漆盒等,也是比较有名的特产。

作为当地一大特色的套娃,在俄罗斯每年有很高的销量,而我们并不适合在平台上出售套娃,然而一般旅客在俄罗斯购买套娃都用于收藏或者送亲友,因此,跨境电商从业者可以适当出售一些套娃的包装礼盒以及装饰品。

【推广运用】

从以上的内容我们可以看到,俄罗斯不仅有丰富多彩的民族习俗和传统文化,对海外商品的需求量也是特别大,尤其是在衣服、鞋子、配件、美容产品等方面,而且他们喜欢性价比高的产品,因此,我们可以适当地调整产品价格以适应客户需求。不同年龄阶段的客户对产品有不一样的消费需求,而针对这些需求,我们要制定不同的政策,以适应各年龄阶段消费者的需要。

根据俄罗斯的习俗,跨境电商从业者可以设定一些打折日,例如俄罗斯版的"双11"购物节。当然,最重要的一点是,不可以触犯他们的禁忌。要想成功达成交易,应该迎合消费者的喜好,规避消费者的禁忌。

第六讲　各国网络购物习惯之欧洲国家

【典型案例】

　　ASUS(华硕)是一家总部位于我们台湾的跨国公司,主要生产电子产品与硬件,包括电脑、手机及各种电子设备(如主板、显卡和可穿戴设备等)。圣诞购物季期间,公司推出了以"告别糟糕的礼物"为主题的营销活动,帮助人们挑选更加称心如意的圣诞礼物。ASUS 利用 Facebook Canvas 来推广其"告别糟糕的礼物"主题营销活动,同时让广大消费者了解到,尽管给亲友们送礼通常很难做到让对方称心如意,但 ASUS 提供的一系列电子产品却是无人不爱的送礼佳品。为满足移动端消费者寻找礼物灵感的需求,ASUS 还量身打造了适合移动端的广告。为了覆盖优质受众,ASUS 不仅将广告的目标受众定位为德国、法国、英国、澳大利亚、印度尼西亚、日本和印度境内的 18—35 岁用户,同时还针对各个市场设计了本地化的广告文案。照片广告与 Canvas 广告一直持续投放到平安夜,并且公司还对两种广告格式开展了 A/B 测试:Canvas 广告的平均观看时长达 12 秒,71% 的 Canvas 广告浏览用户访问了公司网站,投放 Canvas 广告后,公司网站点击量提升了 42%。

【运作思维】

　　上面的案例说明了跨境电商贸易需要对消费者需求有深入的了解才能更好地开展贸易。

　　跨境电商面对的客户群体更多的是国外最终消费者,也就是我们所说的普通老百姓。这些最终消费者来自于世界不同的国家,他们所处的社会环境、家庭收入和生活习惯不同,决定了他们在网购时会有不同的喜好和选择。全面了解不同国家消费者的网络消费心理、消费习惯、消费取向,对于中国从事跨境电商贸易的大小卖家来说有着至关重要的意义。下面我们就来看看欧洲主要的一些与我国进行跨境电商贸易国家的消费者有哪些网络购物习惯。

一、英国

(一)英国人的消费需求

我们都知道,英国是我国在世界上主要的贸易往来国家之一,近几年英国的跨境电商消费更是发展迅猛,网络下单和支付规模不断刷新以往的记录。同欧洲其他国家和美国相比,英国网上购物者占总人口比例最高,购买商品种类最多,购物增长速度最快。根据英国通信管理局(Ofcom)的研究,2013年英国的网购消费额位居发达国家之首。研究数据显示,英国消费者每年的网购支出平均达到2000英镑,比排在第二的澳大利亚足足高出50%。英国国家统计局资料显示,2016年英国网上销售额增长了21.3%,近87%的英国消费者至少网购过一件产品,英国也成了欧洲电商贸易第二大国,仅次于挪威。

英国可以网购的商品种类很多,时尚和体育用品是最流行的产品门类,其次是旅游和家居用品,其他受欢迎的产品有电影光碟、音乐CD、书籍和杂志。一般日常用品英国人都会选择网购,比如化妆品之类的日用品,还有就是食物。通常英国女性大多购买衣服、鞋子、保健品、美容用品、杂货、家具、室内装饰品等;而男性则在电器、唱片、自己动手DIY工具方面花费较多。

(二)英国人的消费习惯

英国人普遍被认为含蓄、传统、理性。传统的侧面也可以理解为守旧,不愿意接受新生事物。他们非常追求质量和实用主义,讲究效率、关注细节,所以对产品的要求很高,并且会很认真地查看产品的详细描述。同时,很多英国人对广告的信任程度非常高,如果看到广告中有自己喜欢的东西,大部分都会购买。

除此之外,英国人在网购时几乎不会滚动屏幕广泛浏览,他们掌控着自己在网站上的浏览路线,也知道自己要买什么,下单非常迅速,购物时的犹豫程度较低,看起来一点纠结都没有,当然,这也得益于他们对网络的热爱和运用自如。大部分的英国人也是非常务实的,他们不太在乎品牌,更注重质量。英国社会学家对本国消费者的评价是:英国人消费,必需品买最好的,不吝啬钱;非必需品买得最少,不浪费钱。当然,个别的富裕消费者就另当别论了。

有80%以上的英国网民都在网络上有过多次购物行为,这个比例即使在发达国家中也是非常之高的。其中有28%的年轻购物者(16—21岁)浏览网店,而这类消费者在成年人(22—65岁)中的比例为12%。英国网络消费者中,女性远远比男性多,在英国女性网上购物族中,让人意想不到的是,人均购物数量最大的群体是被称为"银发族"的那些人,也就是 55 岁以上的老年或准老年妇女。

英国网购者很在意商品包装。调查结果发现,25％的网购者抱怨,他们收到的盒子和包裹太大,远远超过了商品尺寸。由于包装过大,小件商品不能像信件一样投到信箱里,因此,收件人只能选择快递或者其他的寄送方式,或者亲自去某个地点提货。此外,22％的网购者表示,收到商品时看到外包装破裂或损坏会非常沮丧,因为包装损坏后有可能造成里面的商品被损害,有 19％的消费者对外包装保护效果不佳感到不满。与此同时,丢失包裹的风险也令网购者感到不安。

英国人网购消费的最大在线交易平台是亚马逊,占市场份额的 16％,其次是乐购(9％)和 eBay(8％)。其他大型的在线零售商还有 Asos, Argos, Play.com, Next 和 John Lewis 等。

(三)英国人的网购频率、网购时间和支付方式

1.网购频率及网购时间

星期一是英国消费者最喜欢通过购物进行放松的一天。

电商数据公司 PCA Predict 研究发现,英国的 PC 和移动端电商流量在星期一达到最高水平,占了一整周全部流量的 16％,日平均访问量为 1262665 次。

星期一的流量最高峰是在上午 11 点至下午 3 点期间,平均每小时会有至少 8 万消费者正在浏览购物。下午 1 点左右是周一当天流量最高的时候。而到了晚上 8 点,大概会有超过 8 万名英国消费者再次登录购物。

研究还显示,英国消费者最不喜欢在周末购物。周五、周六和周日浏览电商网站的消费者人数最少。星期六的数据是最低的,只有 986357 个购物者会访问零售商的电商网站。这个趋势还体现出,英国消费者最有可能会在周末期间到实体零售店购物。还有数据显示,2017 年,英国网购最繁忙的一周是 3 月 13 日至 19 日。

2.支付方式

在网购的支付方式上,信用卡在英国是最受欢迎的在线支付方式,近 40％的在线交易使用信用卡支付,而当消费超过 100 英镑时,英国人基本会选择信用卡支付。因为根据英国推行的消费者信用法案等相关规定,大额信用卡支付将享受包括全额退款在内的更加完美的消费保护。不过借记卡也是较常见的支付手段,有 30％以上的在线交易是使用借记卡支付的。另一种比较受英国人欢迎

的在线支付工具是 PayPal。这三种支付方式涵盖了大部分的在线交易。

(四)英国的节日和文化习俗

"知己知彼,百战不殆",了解了英国人的消费习惯,让我们再来看看英国的节日和文化习俗有哪些特别的地方,以便挖掘出更多的商机。

1.英国的节日

英国是一个高度发达的资本主义国家,也是欧洲乃至全世界经济最强盛的国家之一。在英国,法定假日或地方庆典非常多,连续不断的节日,让英国一年到头热闹非凡。

(1)薄煎饼日

薄煎饼日的真正名字是忏悔礼拜二。这一天是基督受难日前 40 天的"封斋期"开始前的最后一天。封斋期内,一些虔诚的教徒会定期"守斋",来纪念耶稣基督的死去。为此,在古代,人们会在忏悔礼拜二把家中的"美味"食物清除或用罄。以前鸡蛋和糖、黄油都属于较为难得的"佳味",人们会利用这些原料制作薄煎饼享用,这后来成为英国的一个传统。所以,他们在这一天会购买大量鸡蛋、黄油等原材料。在这个节日,搅蛋器、鸡蛋分离器等一些做薄煎饼的厨房用具会被大量使用,厨房用具可以作为这个节日热销的跨境电商产品。

(2)圣戴维日

每年 3 月 1 日是圣戴维日。按照基督教传统,圣戴维是威尔士的所谓"主保圣人",就是说,人们认为他特别照顾威尔士。这里所纪念的是公元 2 世纪到威尔士传教的僧人戴维,并非《圣经》中的戴维王。这一天是威尔士的重要节日,不少公司都放假。在这一天以及这天的前后,在英国街头会看到不少人衣襟上有一朵黄色的水仙花,这是因为威尔士的标记是黄水仙和韭葱。所以带有黄水仙图案的产品会深受英国人喜爱,在这个时间前后,跨境电商从业者可以抓住这个特色思考营销策略。

(3)圣帕特里克日

3 月 17 日是爱尔兰主堡圣人圣帕特里克的纪念日。这天是爱尔兰共和国、北爱尔兰的假日,而英国及欧美其他地方的爱尔兰裔也都会热烈庆祝这个纪念他们传统中的主堡圣人的日子。圣帕特里克是公元五世纪在英国西部或者苏格兰地区生活的一个人物。他在 16 岁的时候遭歹徒俘虏,被卖到爱尔兰为奴隶。他后来逃脱,并且到欧洲地区接受教育,并成为传教士。在公元 5 世纪初,他回到爱尔兰开始传教工作,并且在短短 10 年内在这个岛屿不少地方兴建公路,成功鼓励人们信奉基督教。

传说中的圣帕特里克利用白花酢浆草的叶片来解释基督教中的天主是"三位一体"的概念,因此,时至今日,人们仍然以白花酢浆草的叶作为爱尔兰的标记。在这一天,爱尔兰人聚居的地方可能会组织游行,以示纪念。个别酒馆中也以绿色的啤酒奉客,因为白花酢浆草的叶是鲜绿色的,而绿色也是爱尔兰的标记。因此,带有绿色三叶草图案的贴纸或产品及孩子们头上戴的绿色的头套会是很热销的产品,跨境电商从业者可以在这个节日前发布相关的产品。

(4)圣乔治日

按照基督教的传统,4月23日是圣乔治的纪念日。如果在这一天前后到英格兰地区,你会看到教堂、酒馆甚至汽车外都挂有一个带红色十字的白色旗帜,这就是圣乔治旗。每逢英格兰足球队出赛或者凯旋的时候,这面旗帜更会大量出现在球场内外。

从大约14世纪开始,圣乔治成为英格兰的守护"主保"圣人,据传,圣乔治是罗马帝国时代生活在近东地区的一位基督徒。他因为成功杀死一条贻害当地人的毒龙而深受爱戴。现在,在英国不少地方都可以看到一位身穿盔甲的骑马武士屠龙的图案,这就是圣乔治。在圣乔治日当天,长辈们会从书店、文具店或者网上购买书本文具送给孩子,男士会送花给女士,书本文具及浪漫的礼物很畅销。跨境电商从业者在选品的时候可以关注一下书本文具这个类目,从而选择合适的产品进行销售。

(5)盖伊·福克斯日

这并不是什么圣人纪念日,它所纪念的是1605年被挫败的一次阴谋。当年,一伙以盖伊·福克斯为首的人密谋在英国议会底下安置炸药,行刺信奉新教的詹姆斯一世,试图恢复罗马天主教徒在英国宗教改革过程中失去的权力。但是,阴谋被揭露,密谋者被判处死刑,后来人们都在11月5日举行活动庆祝此事。庆祝活动包括观看烟火等。不过,包括英格兰南部东萨塞克斯郡的刘易斯镇,人们保持了几百年来的传统,在这个晚上手持火把,上街游行,其中更有焚烧盖伊·福克斯以及当年的罗马天主教教皇假人的环节。在这一天,大街上的人都会戴盖伊·福克斯样式的面具,相关周边产品十分畅销,我们跨境电商从业者可以销售相关产品。

2.文化习俗

英国不仅节日众多,文化习俗也非常丰富,他们的喜好和禁忌是需要跨境电商从业者全面了解和注意的。

(1)关于数字

"7"在西方世界里有着不同寻常的意义,是幸运数字。古希腊的哲学家毕达哥拉斯也曾经形容"7"是个"完美的数字"。而英国人与数字相关的忌讳主要是"13"与"星期五"。当二者恰巧碰在一起时,不少英国人都会产生大难临头之感。对"666",他们也十分忌讳。

(2)关于动植物

英国人平时十分宠爱动物,其中猫和狗都为其所爱。只是对于黑色的猫,他们是十分厌恶的。此外,他们也不大喜欢大象。动物中的孔雀和猫头鹰,在英国名声不佳。在英国人看来,幸运的四叶草是具有魔力的植物,是上帝恩赐到人间的宝贝,可以帮助他们驱赶魔鬼,拯救世人。如果你能找到一根有四片叶子的三叶草,你将会被幸福围绕。对于被视为死亡象征的百合花和菊花,英国人十分忌讳。

(3)关于色彩图案

在色彩方面,英国人偏爱蓝色、红色与白色。它们是英国国旗的主要色彩。英国人反感的色彩,主要是墨绿色。

英国人在图案方面忌讳甚多。人像以及大象、孔雀、猫头鹰等图案,都会令他们反感。在握手、干杯或摆放餐具时,无意之中出现类似十字架的图案,他们也认为是十分晦气的。

(五)英国的体育文化潮流

1.体育

说到英国体育,相信许多人都会联想到国际知名足球赛事——英格兰足球超级联赛(以下简称"英超")。当然,除了英超,英国还有很多重大的体育赛事,比如温布尔登网球公开赛。在每年6月或7月,温布尔登网球场里的巨型大屏幕周围,就会围坐着成百上千的网球爱好者,他们一边吃着奶油草莓一边观看紧张激烈的网球赛事。温网和奶油草莓的传统可是自都铎时期就存在了的。要注意的是,观看比赛时女性不能戴帽子,因为这样可能阻碍后排观众的视线。不仅如此,在温布尔登网球公开赛上,球员还被要求穿白色网球服以表示对英国王室的尊重。因此,在比赛期间,盛放奶油草莓的器皿及相关用具,还有体育周边产品可以作为跨境电商从业者在选品中考虑的产品类目。

2. 文化潮流

英国，对于不同的人来说，代表着不同的文化符号，比如英国女王、大本钟、曼联队、福尔摩斯、日不落帝国、白金汉宫或是苏格兰裙等，其中最值得一提的就是英国的电影。英国拥有着悠久的电影历史，说到英国的电影演员，就不得不提奥黛丽·赫本，她是世界影坛上一颗耀眼的明星，一生出演了很多部脍炙人口的电影，她的影片大多数是对二十世纪五六十年代人们生活面貌的一种美化。她所主演的电影有别于那时候的黑色电影、史诗巨片和都市情节片，她以特有的魅力成功地展现了每一个银幕形象，她凭借自己对服装的个人见解和喜爱，演绎了经典的"赫本模式"，成为全世界影迷竞相模仿的典范。她的穿着、独特的发型及佩戴的饰品至今都引领着时尚潮流。所以，跨境电商从业者在选品时可以选择与奥黛丽·赫本相关的产品，如根据她的千变万化的刘海造型选择刘海片假发产品。

二、法国

（一）法国人的消费需求

法国是欧洲国家中建立高速宽带最多的国家，网上购物方便快捷，再加上网民对网上购物的信任率逐渐提高，法国的网上购物发展迅猛。

法国旅游业很发达，所以很多法国消费者购买的产品都与旅游、文化和服务有关。排名法国网购消费前三位的是门票、书籍和酒店预订，当然，也有一些法国人购买 3C、服装、美容类的产品。39％的法国人会在网上购买电子类产品；28％左右的人会上网购买美容健康和家居用品类产品；有 20％左右的人会在网上购买食品或快消品、家电以及游戏和玩具；15％左右的法国人会直接在网上购买汽车配件和运动器材。

（二）法国人的消费习惯

法国网上购物的客户群主要集中在 25—40 岁之间，女性客户多于男性客户。法国消费者非常重视消费体验，一般会在网站上直接搜索自己想要的产品，准确、全面和富有吸引力的产品信息能够更有效地吸引他们。他们的网购目的性相对而言比较强，很多时候都是确定了想要购买什么产品才去网上进行购买。法国网民以容易被低价和免费配送吸引而闻名，他们尤其常用价格进行筛选，他们使用价格筛选的次数比欧洲平均值多出 6 成。

然而,很多法国人更喜欢在实体店而不是在网上购物,因为他们害怕生活在一个既缺乏人情味儿,又脱离物质实际的世界里。他们喜欢在购物时被人陪伴,特别是在商品的价格十分昂贵的时候。他们十分重视实际生活的体验。相比网购而言,在实体店购物能使这种体验更加强烈,更加突出,也更有人情味儿。不过,网上购物的便利也有着实体店不能比拟的优势。

法国人的自尊心强,偏爱国货,拥有极强的民族自尊心和自豪感。eBay 是法国浏览量最高的网购网站。不过最受法国人欢迎的购物网站是 La Redoute 和 Price Minister,亚马逊也是受法国人欢迎的网络购物平台。

(三)法国人的网购频率、网购时间和支付方式

1.网购频率及网购时间

在网购频率方面,法国本土有 17% 的网购族表示自己每周至少会进行一次网上购物,除此之外,法国网购群体中有 36% 的人表示自己每个月至少会进行一次网上购物。

2.支付方式

在法国,银行卡支付是主流的在线支付方式,80% 的法国人都会使用银行卡直接支付,他们习惯用 Carte-Blue 进行在线支付。Carte-Blue 是一种借记卡,同时也可以用作信用卡,其他比较常见的有万事达卡和美国运通卡。PayPal 也是该国比较受欢迎的一种支付方式。

其他的支付方式如商家礼券、虚拟银行卡、支票、银行转账、分期付款等法国人使用的比较少。

(四)法国的节日和文化习俗

都说法国是浪漫爱情的天堂,并且拥有众多的节日。在每个国家的文化中,传统节日都是非常具有价值的。节日不仅仅是这个国家民俗文化的体现,而且对国家每一位公民来说也有十分重要的意义。下面就介绍一些法国当地的特色节日。

1.法国的节日

(1)国王节

国王节在每年的 1 月 6 日。在这个节日,人们纷纷去糕点铺购买一种特别的甜饼,这种甜饼内含有蚕豆。由家中最小的成员,把眼睛蒙上,将甜饼分给大家。吃甜饼时,大家都要避免咬到蚕豆。吃到蚕豆的人将封为国王(皇后),并挑选他的皇后(国王)。然后全家人举杯高颂:"国王干杯,皇后干杯。"跨境电商从业者可以发布一些做甜饼需要用到的工具及精美的包装产品。

(2)法国国庆节

法国国庆节在 7 月 14 日。国庆前夕,法国所有的城市燃放烟火,整个巴黎的所有街道上,人们载歌载舞,到处都挂起彩旗,所有建筑物和公共场所都饰以彩灯和花环,管弦乐队在台上演奏流行乐曲。次日清晨,人们观看阅兵式。为庆祝国庆节,法国每年都要在香榭丽舍大街上举行大规模的阅兵仪式。入夜,凯旋门上空,明亮的红、白、蓝三色探照灯光柱交叉摇曳,映照着门洞中的巨大国旗;地面上节日的灯火与天空中缤纷的焰火交相辉映;爆竹声与狂欢的乐曲声、欢呼声响成一片,使节日庆祝达到最高潮。跨境电商从业者可以在这个节日到来前上架用来装饰的彩灯、花环及其他装饰用的产品。

(3)巴黎不眠夜

巴黎不眠夜在 10 月的第一个周六,这是巴黎近年来兴起的一个极富特色的艺术节日。法国政府会在这一天在巴黎的一百多个角落举办艺术展览、表演、互动游戏等精彩活动,从上午一直进行到次日凌晨,参与的市民则可达上百万之巨。从晚 18 点到早 6 点,各主要街道灯火通明,地标性景点免费开放,各城区还会组织通宵的街头艺术表演。跨境电商从业者在选品时可以重点关注艺术展览、表演所需要的产品。

(4)圣喀德琳节

圣喀德琳节是巴黎最重要的地方节日之一,时间是 11 月 25 日,这是年满25 周岁且尚未婚配的姑娘们的节日。充满活力的年轻姑娘们会在这一天梳妆打扮成一位勇敢对抗罗马皇帝、捍卫基督教的民间女子——圣喀德琳,一路游行至巴黎的圣喀德琳大街,来到圣女雕像前献上象征着青春与勇气的花圈。有些法国姑娘还会头戴标新立异的彩色帽子,痛饮香槟酒,在女装店等场所载歌载舞。而一些来自巴黎的时装品牌还会特别在这一天安排大规模的时装秀活动,在招徕生意的同时为节日喜庆的气氛锦上添花。因为这个节日针对的是女性,所以我们跨境电商从业者可以准备具有特色的女士服装、帽子及其他饰品等产品。

2.文化习俗

法国是一个非常自由的国家,法国人以热情、开朗而受到了全世界人的喜爱。他们不拘小节、很乐于助人并且对他人非常有礼貌。法国的文化习俗很丰富,当然就也会有一些习俗上的禁忌。

(1)关于数字

法国人大多信奉天主教,其次才是新教、东正教和伊斯兰教。他们认为"13"这个数字以及星期五都是不吉利的,甚至会引发祸事。送花时要注意,送花的支数不能是双数。

(2)关于动植物

法国人偏爱公鸡,认为它不仅有观赏价值和经济价值,而且还有司晨报晓的功能,认为它是"光明"的象征,并将它奉为国鸟。他们视马为勇敢的象征,视孔雀为恶鸟,并忌讳仙鹤、乌龟。

法国人给每一种花都赋予了一定的含义,所以送花时要格外小心:玫瑰花表示爱情,秋海棠表示忧虑,兰花表示虔诚,郁金香表示爱慕之情,报春花表示初恋,水仙花表示冷酷无情,金盏花表示悲伤,雏菊表示我只想见到你,百合花表示尊敬,大丽花表示感激,金合欢表示信赖,紫丁香表示我的心是属于你,白丁香表示我们相爱吧,倒挂金钟表示心里的热忱,龙头花表示自信,石竹表示幻想,牡丹表示害羞,白茶花表示你轻视我的爱情,红茶花表示我觉得你最美丽。他们非常喜爱鸢尾花,认为它是自己民族的骄傲,是权力的象征、国家的标志,并敬为国花。

(3)关于色彩图案

法国人视鲜艳色彩为高贵,蓝色是"宁静"和"忠诚"的色彩,粉红色是积极向上的色彩。但是不喜欢墨绿色、黄色。

在图案方面,法国忌用黑桃、孔雀、仙鹤、菊花、蝙蝠、核桃和杜鹃图案,商标上忌用菊花。

(五)法国的体育文化潮流

法国之所以成为世界文化之林中的一颗璀璨明珠,根本的原因是它具有浓厚的文化氛围和滋养人的文化环境。法国具有浓浓的文化气息,法国的宗教气氛,法国的绘画、雕塑、音乐和建筑,法国的哲学、文学和美学,法国的葡萄酒、香水和时装,法国的"自由、平等、博爱"以及敢于创新的精神,无一不是它丰富而充满魅力的文化之组成部分。

1.法国的葡萄酒

葡萄酒是用新鲜葡萄果实或果汁,完全或部分发酵酿制而成的饮料。法国是世界著名的葡萄酒产地,其生产葡萄酒的历史悠久。法国最古老的超一级酒庄是吕萨吕斯酒堡。随着互联网普及,很多法国红酒已经通过网络登陆中国。众多葡萄酒电子商务网站层出不穷,值得一提的是只专心从事法国红酒文化事业的酒尊网,它引领着法国的葡萄酒文化。浪漫、时尚,是酒尊网的特色和宗旨。酒尊网还推出时下最流行、最时尚的 SNS 交友社区"酒尊圈圈",意图让众多红酒爱好者,尤其是法国红酒爱好者能够感受到浪漫之都的文化气息。因此,我们跨境电商从业者可以上架开葡萄酒的启瓶器、装葡萄酒的醒酒器、高脚杯等产品。

2. 法国巴黎时装周

法国巴黎时装周非常著名,它起源于 1910 年,由法国时装协会主办。法国时装协会成立于 19 世纪末,协会的最高宗旨是将巴黎作为世界时装之都的地位打造得坚如磐石。他们帮助新晋设计师入行,组织并协调巴黎时装周的日程表,务求让买手和时尚记者尽量看全每一场秀。

法国的服装文化十分独特,不论男士还是女士都很注重平时穿衣,法国人最爱美,这是举世公认的,尤其法国妇女,称得上世界上最爱打扮的人。因此,针对法国网络消费者,我们跨境电商从业者要抓住法国人爱美的特点,选品从符合法国人审美的角度出发,相信那么爱美的法国人对于好看的服装一定是非常乐意购买的。

三、德国

(一)德国人的消费需求

从人口、网络使用率和总的购买力水平来看,德国是欧洲最大的市场。德国有网民约 5600 万,是欧洲网民数量最多的国家。据调查显示,目前已有超过 4200 万德国民众钟情于网购,超过了德国总人口数的一半,占网民总数的七成以上,相比过去 5 年有了明显的增长。

德国人在网上购买最多的是书籍、服装、鞋、家用电器等,也有相当多的人在网上订购家具和汽车。此外,网上预订机票、旅馆和租车等服务也受到网民的欢迎。不仅如此,美容护肤品现在也成为网购的热门商品,很多德国女性喜欢选择购买化妆品,特别是口红,口红的在线销售量近几年都呈现明显的增长趋势。据调查显示,德国女人出奇地爱整洁和干净,她们的厨房便是最好的例证,锅碗瓢盆都各有其位,瓶瓶罐罐和各类用品都陈列得井然有序,一目了然,抓过来就能立即使用,不需翻箱倒柜去找。调查显示,厨房是德国人装修的重中之重,因此他们非常注重厨房装饰,所以跨境电商从业者也可以从这个点切入。

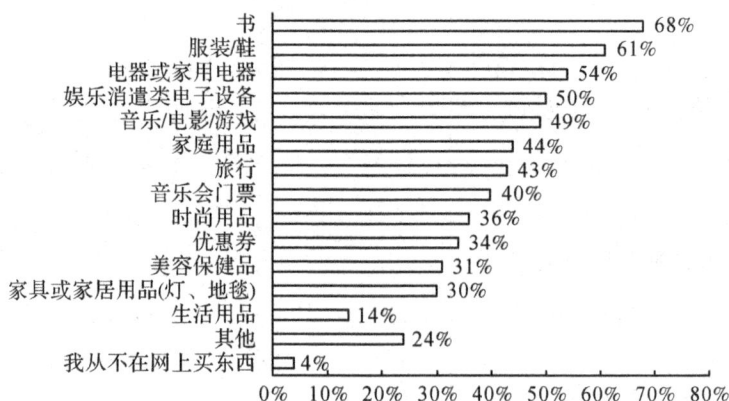

图 6-1　德国网民网购各类商品的比例

(二)德国人的消费习惯

德国是非常守时的国家,德国人对于拖沓、排队等候、延误等都有不同程度的厌恶情绪,而这些在逛街购物时,经常不可避免。网购可以解决这些问题。有78%以上的德国网购消费者表示,网购的便捷、省力、有趣是他们热爱网购的原因,且有55%的德国网购消费者钟爱在网上购买"便宜货",这样更能减轻他们的经济压力。德国40%的网民每个月网络购物消费金额在41—100欧元,其中51—100欧元的用户占比最大,比例为23%。

因为德国人十分谨慎的个性及法律中规定了不满意可以免费退费,网购的退货率很高,将近50%。德国人也经常会购买多个颜色或者尺码的产品,在试用过后将不满意的那部分退掉。当然这也和他们的消费行为有关,超过1/5的德国人在购物前会阅读交易条款,每个网民在服饰网站下单前平均需要阅读35页相关材料,而德国人平均需要看45页,他们同样也会认真地查看商品描述和配送条款。

德国人习惯使用的网上购物平台也很多,主要有:eBay. de(拍卖)、Amazon. de(百货)、Otto. de(购物)、Zalando. de(服饰)、Idealo. de(购物)、Hm. com(服饰)、Ikea. com(家居)、Amazon. com(百货)、Ebay. com(购物)、Mediamarkt. de(消费电子)。

(三)德国人的网购频率、网购时间和支付方式

1.网购频率及网购时间

周末通常是德国人的网购时间,消费者行为调查显示,在周六网购的人最多,达到30％,其比例超过周一、周二、周三的总和。至于购物时间段,在下午六点到午夜购物的消费者比例达61％。但也有消费者行为研究认为,德国消费者的购物时间虽有偏好,但并非一成不变。在一天中不同时间段购物的消费者比例达56％,一周内在不同日子购物的人数达80％,由此可见他们网购时间并不固定。个人的时间安排和需求决定了网购时间,网购时间已不受传统实体店营业时间的影响。

2.支付方式

德国人偏爱的在线支付方式是invoice,即收到卖家发来的付款通知后,消费者再按照上面的金额和账号付款。最近的一项调查表明,该国有58％的网购者是先下单后付款。此外,有不少德国人习惯于使用信用卡支付,包括万事达卡、Visa卡和美国运通卡。其他一些常见的支付方式有PayPal,ELV,Giro-Pay,Sofort Überweisung,RatePay和货到付款。在德国各种支付方式中,通过转账支付的用户比例最高,为35％;其次是通过PayPal等支付方式进行支付,比例为31％;再次为通过信用卡支付的用户,占15％。

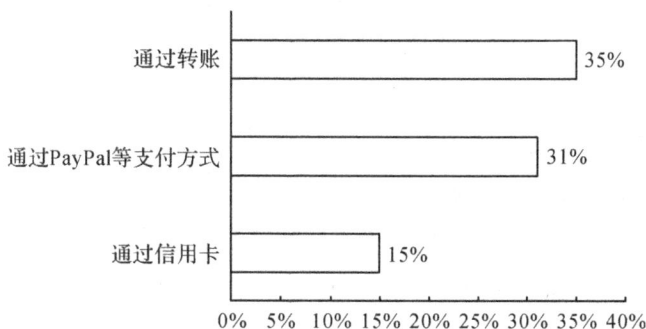

图6-2　德国用户支付方式

(四)德国的节日和文化习俗

1.德国的节日

在人们的印象里,德国是一个人人行事精确、作风严谨的国家。那么,德国的传统节日是什么样子? 是否也是庄重严肃的呢? 就让我们一起来看看,关于德国众多节日中的一些特色节日的介绍。

(1)慕尼黑啤酒节

慕尼黑啤酒节，又称"十月节"，每年9月末到10月初在德国的慕尼黑举行，持续两周，是慕尼黑乃至整个巴伐利亚一年中最盛大的活动。十月节期间，慕尼黑的八大啤酒厂在广场上搭起巨大豪华的啤酒大篷，提供各家的啤酒和巴伐利亚美食，每个棚内座无虚席。啤酒棚外部的装修标新立异，但内部大多都是一个格局，可以坐20人的长条木桌椅排排摆开，会场中心是被鲜花和灯光装扮一新的高高的表演舞台，棚顶装饰着巨幅的绸缎和编织的花环。在啤酒节现场还有众多的娱乐项目，从适合小朋友的旋转木马到惊险刺激的大转轮，还有马戏、魔术表演。各具特色的小店也把整个游乐场装点得生动活泼，游客可在这里买到巴伐利亚特色姜饼或各色小食和纪念品。夜色降临时，五光十色的彩灯把啤酒节变成了一座流光溢彩的不夜城。这个节日十分盛大，场地也非常大，所以会需要很多用来布置会场的装饰品如花环、彩灯及临时搭建的帐篷，所以跨境电商从业者可以考虑上架相关产品。

(2)德国统一日

德国统一日即德国的国庆节，为全国法定假日，是为纪念1990年10月3日原德意志联邦共和国(原西德)和原德意志民主共和国(原东德)正式宣布统一的国家性节日。同时，这一天也是德国五个新联邦州的成立日。在每年的10月3日也就是法定的休假日，和其他的短期假期一样，城市里的德国人会去周围的小镇、湖边、海边小住几天，晒晒太阳、放松放松。因此，在这个节日前，跨境电商从业者可以上新一些户外旅游相关的产品。

(3)科隆狂欢节

全世界的人们都喜欢在节日或庆典之时聚在一起共度美好时光，而狂欢节正是庆祝各种季节或事件的最好时机。科隆狂欢节也被称为"第五季节"，是全德国最盛大的狂欢节，每年于11月11日11时11分准时在科隆市的老广场上开幕，其规模在世界范围内仅次于巴西狂欢节。主要参加的城市有科隆和杜塞尔多夫。

科隆狂欢节的主角是小丑和狂人，节日期间，到处都是奇装异服的人们，大家沉浸在欢乐中，所有商店都会在这时关门停业。游行是节日的重头戏，每年都会有很多人在道路两旁观看游行队伍，并会得到队伍中撒出的糖果。科隆狂欢节会一直持续到第二年的2月才结束。这个节日持续的时间非常长，由于各大商店都会关门停业，网上购物的消费者会增多，所以我们跨境电商从业者要抓住这个时期,选取合适的产品如狂欢装饰品、狂欢用品、小丑服饰等产品销售。

2.文化习俗

德国是老牌的欧洲大国,德国人严肃又认真,做事严谨,注重规则,堪称典范。他们习俗多、规矩多,当然也有不少的如一般的西方国家一样的禁忌。

(1)关于数字

与一般的西方国家一样,德国人忌"13""星期五"。尤其是就餐时,更不准有13个人同桌。

(2)关于动植物

白鹳是德国的国鸟。白鹳是候鸟,喜欢在屋顶或高大的树上筑巢,当地人把白鹳筑巢看成吉祥之兆。在五彩缤纷的万花丛中,德国人尤其喜欢矢车菊,视它为国花。忌公羊、仙鹤、孔雀。

(3)关于色彩图案

德国人忌茶色、红色、深蓝色,喜爱纯色系颜色。忌纳粹"卐"字或其军团的符号、宗教性的标志、锤子镰刀图案。

(五)德国的体育文化潮流

1.德国足球

德国是一个足球的国度,每当喝酒聚会之际,人们都会聊到足球的话题,德国足球运动有着100多年的历史。过硬的实力、坚强精神、稳定和审时度势是德国人永远的法宝,在漫长的世界杯历史中,德国队是战绩最稳定、最优秀的一支队伍。德国队的球衣作为德国队的象征也一直不断地在更新换代,现在的主场球服是白色球衣搭配黑色短裤和黑色的袜子,创造出一个永不过时的形象,球迷们一看见就能说出这就是德国国家队。新球衣的正面有一幅"成功条形码"图案,记录了德国队在以往的世界杯和欧洲杯中取得的成功,袖子上则记载了那些著名胜利的年份。

2.德国啤酒文化

就像瓷器使人联想到中国、樱花使人想到日本、牛仔使人想到美国一样,啤酒让人想到的是德国。德国是世界上啤酒消耗量最大的国家,德国人酷爱喝啤酒,因此,德国形成了一种特殊的"啤酒文化"——有悠久的历史、古老的传说和各式酿制方法,还有专属的节庆和舞蹈。德国啤酒已经变成了一个多元化的综合体,它不单单是一种酒精性的饮料,而是能够反映德国不同乡土文化的符号。围绕着啤酒文化,跨境电商从业者可以开发开瓶器及啤酒杯等相关产品。

3.德国人的衣着打扮

沉稳的德国人对于穿着不会太在意是否时尚,他们讲究低调、沉稳,注重舒适度与功能性,在德国很少见到像法国人一样的靓丽和多彩的服装。即便是年轻人的着装,也多为冷色调,这跟他们处事严谨、踏实、不张扬的性格特点相匹配。他们的衣服颜色以黑白为主,因此,跨境电商从业者针对德国市场销售的服装要注意颜色,不要过于艳丽,以纯色为主。

四、西班牙

(一)西班牙人的消费需求

西班牙是位于欧洲西南部的一个君主立宪制国家,属于欧洲传统发达国家,是欧元区第四大经济体,也是欧洲第五大电子商务市场,年人均在线消费 1248 美元,3.61%的在线消费者喜欢从电商网站购买商品。

西班牙人偏好场景、风格、元素产品,对 3C、服装、户外用品需求量较大。针对 3C 产品,他们非常喜欢本国品牌的手机。针对服装、配饰、鞋包等类目的产品,他们紧跟国际潮流。他们特别懂享受,假日非常多,经常在外面度假,所以户外产品需求量较大,而且常购买家庭套装。手机普及度高,特别是智能手机,手机周边产品如手机壳、移动电源、耳塞、手机架等也非常热销。

西班牙人非常乐意接受中国产品,在西班牙,ZARA、SEFEA、Leftis 等本土品牌 40%的产品是来自于中国。从出口数据来看,在每年进口中国产品国家的排名中,西班牙位列第五。越来越多的跨境电商平台看到了西班牙市场的蓝海潜质,纷纷在平台建设、卖家招募、品类拓展、市场拓展方面加大投入。

(二)西班牙人的消费习惯

西班牙人的性格是典型的南欧人的性格,热情奔放、乐观向上、无拘无束、讲求实际,与英国人的矜持、德国人的古板、美国人的好动、日本人的认真有较大差别。

西班牙的网络消费群体男性较女性居多,且年龄在 25—34 岁之间的最多,中青年人占主体。他们对于产品的售出量很看重,特别喜欢便宜和较大的折扣。超过一半的西班牙网络消费者从外国的网络购物商店购物。西班牙人的生活习惯比较特殊,喜欢晚睡晚起。一般是在上午 8—9 点进早餐,下午 2 点进午餐,晚上 10—11 点进晚餐。夜生活则一般在晚上 9 点之后才开始,即使是深夜,西班牙的街道也是非常拥挤的。

多数西班牙买家习惯使用计算机浏览购物,使用手机和平板设备的也有一定的比例,西班牙人购买商品多通过关键词搜索,在购买之前会进行全站比价并参考好评。西班牙人的购物风格多以智能、新奇、时尚、运动、年轻为主,除了单价比较高的产品能接受两周内到货外,西班牙消费者普遍要求在购买后三天内收到货物,且西班牙消费者已经习惯为物流配送支付费用。

西班牙本土市场的分类信息网站 Milanuncios.com 在西班牙国内购物类网站中位列第一,西班牙消费者也喜欢在 Privalia 和 Rakuten 上购物,当然速卖通、亚马逊、101gigas 和 eBay 也是他们的常用平台。

(三)西班牙人的网购频率、网购时间和支付方式

1. 网购频率及网购时间

虽然超过一半的西班牙网络消费者从外国的网络购物商店购物,但是西班牙人网购的频率很低,平均一个月才网购一次。

2. 支付方式

目前西班牙的主要支付方式:信用卡,各种在线支付方式以及货到付款。信用卡支付是西班牙网络消费者的首选支付方式。在西班牙地区,Visa 卡、万事达卡、美国运通卡占据了 97% 的市场份额。并且,西班牙支持信用卡与借记卡之间的转换。同时,西班牙工业部、旅游业贸易部为了进一步推动电子商务的发展和普及,对信用卡与借记卡的最大限度转换费用进行了降低调整,这也促使了跨境电子商务的进一步发展。此外,国际知名支付平台 PayPal 也已入驻西班牙市场,为在线零售商和企业用户跨境支付提供便利。

(四)西班牙的节日和文化习俗

1. 西班牙的节日

西班牙有许多节日,很多节日习俗非常特别和有趣。有些节日是西班牙特有的,比如奔牛节、西红柿节;也有一些其他国家也过的节日,不过在西班牙,习俗有很大不同。下面就介绍一些西班牙特有的节日。

(1)三王朝圣节

每年的 1 月 6 日为西班牙的传统节日——三王朝圣节,也是西班牙的儿童节。原本是为了纪念东方三圣带着黄金、香料等礼物去马厩朝见圣婴,现在已经转变成类似于儿童节的日子。东方三王会带着礼物在 1 月 5 日的晚上悄悄来到每个小朋友的家中,乖孩子当然会得到自己想要的礼物,可如果过去的一年表现不好,那就只能收到煤炭糖果啦。送给孩子的礼物及与儿童相关的产品可以作为该时段重点销售的商品。

(2)瓦伦西亚法雅节

瓦伦西亚法雅节又称火祭节,每年3月12日至3月19日举行,为纪念木匠的守护者圣约瑟而设,是西班牙极有特色的节庆,每年都吸引成千上万游客前往当地一起放火迎接春天。所谓的法雅是指上过彩的木头或纸板雕塑作品。到了法雅周,人们会在会所的空地请专人组装好大小型的法雅人偶、搭设帐篷,供大家尽情吃喝玩乐。节庆一开始,人们会把法雅们放到广场或是十字路口,之后的法雅公主选举和燃放鞭炮烟火是节日的重点,最后,人们一起用火将法雅点燃,节日氛围也到达高潮。在这个节日前,跨境电商从业者可以上新一些组装人偶及搭设帐篷需要的工具。

(3)潘普洛纳奔牛节

潘普洛纳奔牛节是为纪念潘普洛纳的保护神圣佛明而举行的庆典,始于1591年,每年都吸引数万人参加。奔牛节也称"关牛节",从每年的7月6日开始举行,7月14日结束。节日期间,最著名的活动是在狭窄的街道上与斗牛一起狂奔。活动期间,来自世界各地的人们穿上白衣裤,缠上红腰带,表示参加的意愿。数以万计的身着白色上衣、红色方巾的狂欢者会把庆典现场变成了一片欢乐的海洋。所以白色服装及红色方巾在这个节日到来之前会很畅销,我们跨境电商从业者可以关注这个卖点。

(4)西红柿节

西红柿节始于1945年,在每年8月的最后一个星期三进行。据传说,有一天,布尼奥尔城里一个小乐队从镇中心吹着喇叭招摇过市,领头者更是将喇叭翘到了天上。这时,一伙年轻人突发奇想,随手抓起西红柿向那喇叭筒里扔,并且互相比试,看看谁能把西红柿扔进去,这就是"番茄大战"的由来。每年的这个时候,来自世界各地的游客就聚集在布尼奥尔镇上,和当地居民一道庆祝这个别具特色的节日。在这里,西红柿给人们带来的不只是丰收的喜悦,还有狂欢的快乐。人们参加西红柿节的时候要注意穿防水鞋,还要佩戴护目镜来保护眼睛,以免酸味刺痛眼睛。所以跨境电商从业者可以在平台上销售防水鞋、防水袋、护目镜等产品。

2.文化习俗

西班牙是个有着悠久历史和灿烂文化的国家,当然也会有一些禁忌。

(1)关于数字

西班牙人最忌讳"13"和"星期五",认为这个数字及日期都是很不吉利的,遇其会有厄运或灾难临头。外来人士,特别是商业界人士应巧妙加以利用或避开。

(2)关于动植物

西班牙人对宠物珍爱有加,当局为保护狗、猫制定了有关法律,无辜打死别人的宠物,要负责赔偿,甚至可能被拘留。在植物方面,西班牙人最喜欢石榴花,认为石榴花是富贵和吉祥的象征,并尊其为国花。忌大丽花和菊花,他们视这两种花为死亡的象征。

(3)关于色彩图案

西班牙人喜欢红色,视其为吉祥、热烈的象征;喜欢黄色,视其为高贵和明朗的颜色;喜欢黑色,以黑色象征庄严。

(五)西班牙的体育文化潮流

1.西班牙体育文化

西班牙民族自古浪漫多情、能歌善舞,但他们也有强悍血性的一面,斗牛就是对具有双面性格的西班牙民族最好的注释。"斗牛士"精神千百年来一直被西班牙人津津乐道,引以为豪。西班牙人将斗兽精神的力与美完美结合、用体育的方式表现出来,在西班牙人心中,体育就是斗兽精神的传承和体现。目前,西班牙足球已成为一种文化,成为生活的一部分,渗透在政治、经济、教育等社会各个领域,给人们带来快乐,给生活以启迪和教益。西班牙人对足球有深深的认同感,同时足球也成为西班牙的"形象大使"。西班牙人热爱红色,所以球服一般都以红色为主。跨境电商从业者在选品的时候应尽量选择颜色鲜艳一点的产品。

2.西班牙的时尚

在时尚领域,大家言必称伦敦、巴黎、米兰、纽约,西班牙在一场场时装大秀里似乎从来没有获得过名分,更没有人会提及。不过,你一定不知道,巴黎世家的创始人其实就是西班牙人。西班牙人在时尚界里,不以设计师去比拼,只用了一个大数据公司就打倒了几乎所有的奢侈品品牌。眼下,我们消费最多的快时尚品牌之一ZARA就来自西班牙。西班牙人对于时尚是非常重视的,设计针对西班牙市场的产品时,跨境电商从业者要注重产品的时尚、新颖度。

五、意大利

(一)意大利人的消费需求

作为全球第九大、欧元区第三大经济体,意大利跨境电子商务市场十分受关注,被认为是多语言市场里大有潜力的组成部分。

意大利人在线上购买的服务类商品(娱乐休闲或旅游类)比实物商品要多。他们的网购产品中,电子科技产品、家居装修 DIY 工具、服装配饰等产品占比依然是很靠前的。排名前十位的细分产品如下:手机类,包含手机壳等配件;其他电子产品,包含平板电脑及其他消费类电子;音乐相关产品,包含 MP3、唱片等;健康美容产品,包含护手、美甲、皮肤、头发相关产品;花园用品;食品;服装饰品;宠物用品;孕婴用品;家居装修用品。

科技产品市场是意大利增长速度最快的市场之一。各种电子产品在意大利深受消费者的喜爱。除了亚马逊与 eBay 以外,Mediaworld,ePrice 及 Shopty 为主要的 IT 数码购物网站。

美妆行业与运动行业也呈稳定发展趋势。KIKO Makeup Milano 和 Douglas 为主要零售化妆品网站。而在运动用品在线零售排行中,法国的大型运动用品连锁集团 Decathlon 为最受欢迎的购物网站。

(二)意大利人的消费习惯

目前意大利网络用户大幅增加的主要原因是当前智能手机的普及,尤其是年轻人,几乎每天都会光顾社交网络或上网浏览信息。约73.7%的意大利人已成为网络用户,使用智能手机的也高达70%。此前的调查曾显示,意大利女性比较偏爱书籍和电视节目,网络用户中女性的比例明显高于男性的比例,意大利女性越来越热衷于上网冲浪。不过相对于年轻人来说,意大利65周岁以上的老年群体使用网络的比例则只有1/10,看来年轻人更易接受新鲜事物和新科技乃放之天下而皆准的特性。

目前只有26%的意大利人会从网上购物,远远低于英国、丹麦、卢森堡和德国以及荷兰。此外,和中国一样,欧洲的年轻人是网上购物的主力军,25岁到34岁之间的消费者占70%。意大利人喜欢决定购买前将目标商品存到购物车,倾向于把购物车当成愿望清单来用,他们并不一定会购买购物车内的商品。

亚马逊在意大利是首选的网购平台,eBay, Booking. com, Zalando 和 Trenitalia 紧随其后,大部分意大利网购者喜欢通过 Trivago, eDreams 与 Expedia 等在线旅游网站预订酒店、机票和购买支付旅游产品。也有不少意大利消费者在网上通过 Groupon, Privalia 及 Groupalia 等折扣网站寻求更便宜的商品以及更低廉的折扣。

(三)意大利人的网购频率、网购时间和支付方式

1. 网购频率及网购时间

意大利人每天购物最多的时间段为 21 点至 23 点。第四季度是意大利人的网购高峰期。另外,意大利人每年 5 月和 9 月网购热情也比较高。

2. 支付方式

意大利的支付方式也是国际通用的方式,主要为信用卡和 PayPal 支付,尤其是信用卡普及、使用率很高,主要是 Visa、万事达等通道。

最近,意大利邮政与万事达卡合作,将其 Postepay 应用程序与万事通数字平台相融合。这一新应用平台可为 1300 万 Postepay 持卡客户提供简单快捷的网购体验,客户只需通过手机就可享受邮费支付、话费充值和 P2P 交易等服务。意大利邮政表示,Postepay 应用程序是意大利邮政数字创新战略的一部分。通过在应用中融入万事通平台,意大利邮政可为包括年轻群体在内的广大 Postepay 持卡客户提供创新、简单、安全的网上支付解决方案和相关的技术服务。

(四)意大利的节日和文化习俗

1. 意大利的节日

意大利全年有大约三分之一的日子属节日,有的是宗教节日,有的是民间传统节日,有的是国家纪念日。由于罗马在基督教世界中的特殊地位,普通的宗教节日也就有了特别的意义。下面介绍的是意大利的一些特色节日。

(1)主显节

这是每年 1 月 6 日纪念耶稣显灵的节日,也是意大利的儿童节。相传,东方三贤士在天空中见到一颗代表耶稣的明亮的星星,于是,在 1 月 6 日那天来到伯利恒,拜见诞生不久的耶稣,这就是宗教上所说的耶稣显灵和三贤朝圣。按照传统,在 1 月 5 日和 6 日之间的夜晚,会有一个骑着破旧的扫帚飞行的老婆婆来看望每家每户的孩子,然后在他们在烟囱或者窗户旁挂起来的长筒袜里塞满礼物。通常,在刚过去的一年中表现好的孩子们会获得甜点、糖果、干果和小玩具,而那些调皮捣蛋的孩子会在长筒袜里找到满满的煤炭。所以我们跨境电商从业者可

以上架一些可以用来送给儿童当作礼物的产品。

(2)八月节

在两千多年前的古罗马,为了让人们尽情地欢乐、享受生活,皇帝奥古斯都决定将8月1日定为节日。17世纪末开始,八月节改为8月15日。每年8月15日,各地都要举办盛大的八月节舞会。城市的许多广场都将举办不同类型的专业舞蹈表演,音乐现场演奏,公众也被邀请加入舞蹈中来。人们要在八月节前后度假,避免在一年中最热的时候工作,而充分享受夏天带来的激情与欢乐。因此,旅游所需的户外产品及去海边度假时使用的防暑产品都会在这个节日前很畅销。

(3)佩鲁贾巧克力节

佩鲁贾巧克力节在每年十月中下旬,意大利各种品牌的巧克力在佩鲁贾展出及出售,向往爱情和浪漫情调的人们汇聚在古老的山城,多彩的文化及娱乐节目也为节日增添了快乐的气氛。实际上,意大利的各个城市都有自己的巧克力节,各种富有创造性的纯手工巧克力让游客应接不暇,大饱口福。我们跨境电商从业者可以上架做巧克力会用到的工具及精美的礼物包装盒或包装袋。

2. 文化习俗

意大利深厚的历史文化积淀总给你一种想要亲身去触摸它的感觉,当然,文化习俗非常丰富的意大利也有很多禁忌。

(1)关于数字

意大利忌讳"13"和"星期五",认为"13"这一数字象征着"厄兆","星期五"也是不吉利的象征。现代人对"13"和"星期五"的不祥预兆据说起源于1307年10月13日星期五。

(2)关于动植物

意大利人喜欢养宠物,尤其是猫与狗,甚至把宠物作为家庭的一员介绍给客人。他们忌讳菊花,因为菊花是丧葬场合使用的花,是放在墓前为悼念故人用的花,是扫墓时用的花。因此,人们把它视为"丧花"。如送鲜花,切记不能送菊花,如送礼品,切记不能送带有菊花图案的礼品。

(3)关于色彩图案

意大利人喜欢绿、蓝、黄三种颜色,不喜欢紫色。他们喜爱动物图案,忌仕女像、十字花图案。

（五）意大利的体育文化潮流

1.意大利时尚之都——米兰

米兰是意大利最发达的城市，也是欧洲四大经济中心之一，米兰在全球范围的影响巨大，是世界重要的国际大都市，世界八大国际大都会之一。它也是世界公认的四大时尚之都之一，是四大时尚之都中最具影响力的城市，米兰时装周在四大时装周中独占鳌头。谈及米兰可谓是购物的天堂，这里既有全球首发的世界顶级奢侈品，也有设计感强、质量上乘，但是价格实惠的非一线本地品牌。米兰城中的时尚四边形俗称"金四角"，是由蒙提拿破仑街、圣安德烈街、史皮卡大道和鲍格斯皮索四条名品店街组成的最著名的购物区，这里也是世界上最贵的商业区之一，汇集了众多世界上最顶尖的大牌，如阿玛尼、范思哲、普拉达、华伦天奴、古奇、莫斯奇诺等。米兰时装周是世界最为重要的时装周之一，有"世界时装晴雨表"之称。

2."设计王国"意大利

意大利在设计领域的表现相当出色，素有"设计王国"之称，特别是室内设计、建筑设计、工业设计与城市设计。其绘画、雕塑、艺术品修复等专业傲视全球，建筑专业世界一流；意大利是音乐领域美声唱法的宗源，歌剧、戏剧、音乐等专业名列世界前茅。意大利也培养了一些著名的家具设计师，例如吉奥·彭蒂与埃托雷·索特萨斯，一些意大利语名词，例如 Bel Disegno 与 Linea Italinan 也成为家具设计界的专业用语。它也是世界著名的跑车生产国，相关品牌包括法拉利、兰博基尼、玛莎拉蒂、阿尔法·罗密欧等。

意大利是一个非常注重时尚的国家，他们也注重产品的设计、质量，我们跨境电商从业者针对意大利市场销售产品时要注重产品的设计及质量，但同时也不能失去时尚元素。

【推广运用】

由于跨境电子商务活动跨越国界，买卖双方在文化和法律上存在很大的差异。跨境电子商务不仅仅是一种单纯的跨越国界的买卖活动，还是一种跨文化的商务活动，这就要求跨境电商客服要全面地了解不同国家间的文化差异和网络购物消费者的消费习惯，以便在面对不同国家消费者的时候应对自如，以免因为文化差异而产生误会。当然，跨境电商从业者也应该根据这些文化差异和消费习惯制订相应的营销战略，有效地规避文化差异。那么，如何和欧洲国家进行跨境电商贸易呢?

1.英国

进军英国市场必先了解其贸易政策。英国的自由贸易政策并不是纯粹的自由贸易,而是对于国内竞争力较弱的行业施行保护的政策。对于国际贸易,在保持积极态度的同时也采取适当的非关税措施确保英国的整体利益,所以,英国市场还是具有较强的可入性。

英国人最具绅士风度,和他们交往,礼貌必须要到位。他们谨慎小心,所以在交流沟通时也要注重礼仪,不然贸易成功率将会接近于零。他们对产品从外观到品质要求都极高,因此,在产品外包装上跨境电商从业者要特别注意。除此之外,做英国外贸的跨境电商卖家当然也要了解英国各种节日,以节日为噱头进行准确营销,按照英国顾客喜好、风俗习惯、购买心理等进行本地化销售,这样才能做好英国市场。

2.法国

法国买家一般都比较注重自己的民族文化和本国语言,因此,他们往往习惯于要求对方以法语为谈判语言,所以,要与法国人长期做生意,最好学些法语,或在谈判时选择一名优秀的法语翻译。法国商人大多性格开朗、十分健谈,他们喜欢在谈判过程中谈些新闻趣事,以营造一种宽松的气氛。多了解一些法国的电影、文学、艺术等方面的知识,非常有助于互相沟通、交流。

法国买家对商品的质量要求十分严格,条件比较苛刻,同时他们也十分重视商品的美感,要求包装精美,所以在满足产品的质量要求的基础上,重视外包装是必需的。

3.德国

德国买家做事谨慎小心,一切按规矩和制度行事。与德国买家交往,要注意事情的计划性,他们对产品的要求非常高,所以跨境电商从业者一定要注意提供优质的产品。德国人非常注重时间观念,所以跨境电商从业者在经营德国站点时一定要注意守时,还要了解售卖商品在德国市场的行情,尽量选择价格差异较大的商品进行薄利多销,这样更能吸引德国民众的注意力。

另外,德国民众非常看重每一个重大节日,在节日时他们会互赠礼物来联络感情,由此可见,重要的节日是卖家"吸金"的最佳时期,面对德国民众的购买热情,卖家可以推出促销活动,例如:礼品清单折扣活动、套餐服务活动、满额优惠活动等。将与节日相关的商品和热销的商品结合,做系统的促销推广,可以使卖家在薄利多销中做到收益最大化。

4.西班牙

在西班牙,电商有很大的发展空间,但更需要先培养人群的消费习惯。首先要做的就是融入这个民族,深入了解他们的消费习惯。受益于电商行业的快速增长和智能手机的高度普及,西班牙人的网购消费理念已根深蒂固,发展西班牙跨境电商非常有基础。

在扩展市场之前,我们必须先了解西班牙买家的购物习惯、物流偏好、支付等情况。而获得这些最直接最精准的方式就是拥有一支本土化的电商团队,西班牙人比较看重产品质量以及网站的翻译水平,卖家有西班牙语运营能力,这是快速进入市场的绝佳办法。任何区域、任何机遇都伴随着挑战和风险,唯有深入市场、扎根当地才能做到从容面对、稳赢不输。如果徒有一身蛮劲,那只能是屠夫,永远成不了民族崇拜的斗牛士。抓住挑战,规避风险,勇猛中不缺优雅,这才是西班牙电商市场的正确打开方式。

5.意大利

意大利人有节约的习惯,不愿多花钱追求高质量。与意大利人做生意要有耐心,要让他们相信你的产品比他们国内生产的产品更为物美价廉。大型的电商平台发展成为综合服务平台的过程中,物流、售后服务是重要影响因素,也是一些电商提供的增值服务,大数据分析对预见性销售起到更大的作用。

所以,跨境电商从业者要把握电商服务发展趋势,推出满足市场需求的新型服务,产品照片和描述中要避免出现中文,要有精准的产品描述翻译,选择快速可靠的物流方式,降低退款率,有买家咨询要第一时间回复。不仅如此,还要配合平台的打折促销活动,利用平台的宣传资源。

总体来说,清楚地了解我们所面对的市场中网络消费者的消费需求及消费习惯,是非常有利于我们跨境电商从业者更好地选品及销售的。事前调查不仅能使跨境电商从业者在选品过程中有更多的针对性和选择性,而且对于新品开发也有着重要的作用。

第七讲　各国网络购物习惯之巴西

【典型案例】

亚马逊巴西站在增加了电子类目(包括电视机、手机和笔记本电脑)之后,一夜之间有 300 个新卖家涌入。亚马逊巴西站于 2012 年推出 Kindle 电子书店,2014 年开始销售印刷书籍。2017 年 4 月,巴西站又开放了第三方卖家市场,但只是卖书,卖家数量随之增长到了 1400 多个。如今,随着电子产品类目开放,平台已有卖家 1700 多个。亚马逊在巴西的主要竞争对手是 Mercado Libre。巴西是 Mercado Libre 的主要市场,囊括了平台一半以上的销售额。随着亚马逊扩张巴西市场的消息传出,Mercado Libre 的股价在一周内下跌了 14% 以上。但是,Mercado Libre 多年来稳步增长——相比 2015 年的 3000 万件,2016 年的 4300 万件,2017 年其销售额突破了 6100 万件。因此,我们仍然认为它比亚马逊更有利于赢得市场。拉丁美洲的互联网普及率比美国低得多,电子商务占零售总额的比例是美国的一半,这表现了其潜力之大。今天的 Mercado Libre 比亚马逊更有能力主宰巴西市场,是因为许多国家对于亚马逊来说太小了,不值得付出努力,而且随着时间的推移,Mercado Libre 的基础设施和本土方案的建立对亚马逊来说将是更加难以复制的。

【运作思维】

上述案例说明了跨境电商从业者不能一味地只是在网上销售产品给国外消费者,面对不同的国家还要建立不同的本土方案,这就涉及不同国家消费者的不同网络购物习惯了。所以,如果要想做好跨境电商,就必须对目标市场进行充分的了解,如需求、网购习惯、文化、禁忌等。只有充分地了解,才能更好地进行选品。巴西是拉丁美洲的人口大国,其与世界上大部分国家的文化、习惯、环境都有很大差异,势必会有不同的消费习惯,因此,了解巴西市场买家的购物特点就成了卖家入驻巴西市场必不可少的前提。下面来具体看看巴西消费者有哪些网络购物习惯。

一、巴西人的消费需求

巴西电子商务市场是拉丁美洲市场最大的,同时也是巴西国内增长最快的领域之一,巴西也是拉美第一互联网大国,拥有超过一亿网民,而网购是这些网民上网的主要活动之一。由此看来,巴西的电子商务基础很好,加上这几年政府在大力建设电子商务基础设施,使得电商的快速发展有了可能。

巴西的主力社会阶层英语能力好,高收入高层次人群趋向于网购化妆品、手机、电器、家具、运动产品等,特别是对手机和平板电脑需求很高。巴西男性较喜欢 3C 和户外运动产品,且喜欢新品和有流行趋势的产品。

巴西市场热销产品主要是电子类产品、手机、美容类产品、母婴产品、新上市的产品。其中服饰占了 18%,美妆用品占 16%,家具用品占 11%,电子数码产品总共占 13%。(见图 7-1)

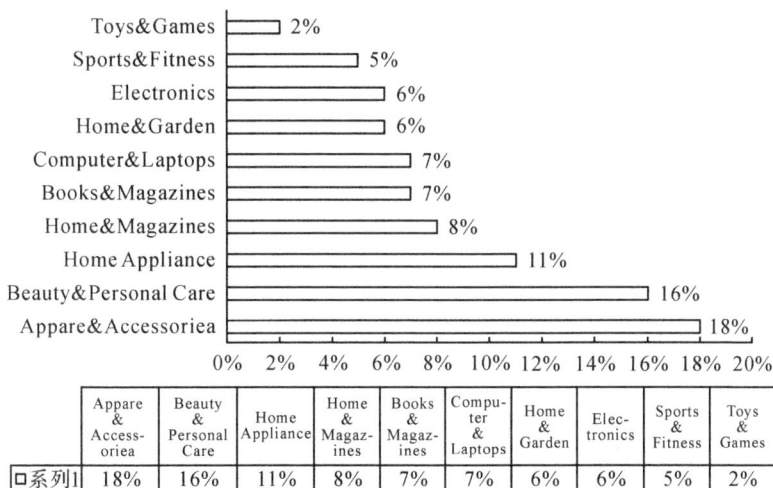

图 7-1　巴西市场热销产品概况

	Appare & Access-oriea	Beauty & Personal Care	Home Appliance	Home & Magaz-ines	Books & Magaz-ines	Compu-ter & Laptops	Home & Garden	Elec-tronics	Sports & Fitness	Toys & Games
系列1	18%	16%	11%	8%	7%	7%	6%	6%	5%	2%

二、巴西人的消费习惯

(一)巴西人的性格及网络消费人群

由于靠近美国,巴西拥有较为成熟的网购习惯。同时,巴西无线市场增长快,使用手机购物的人很多。巴西人性格开朗豪放,待人热情而有礼貌,从民族性格来看,巴西人在待人接物上所表现出来的特点主要有二:一方面,巴西人喜欢直来直去,有什么就说什么;另一方面,巴西人在人际交往中大都活泼好动,幽默风趣,爱开玩笑,不在乎在大众面前表露情感,他们慷慨好客,到他们家里做客,酒杯里永远有酒,盘子与咖啡杯里永远不空。

巴西的人口超过两亿,而互联网的用户已经达到了 1.02 亿,超过了人口总数的一半。网民男女比例为 49∶51, 15 岁至 44 岁的网民占比达 7 成。据统计,2014 年巴西的网购人数达到 6300 万,以女性为主。按照年龄层来算,35—49 岁的人数占到了 39%。2014 年,大约有 1000 万个巴西人第一次上网购物。这些新增的网购者大大推动了巴西电商的发展,市场规模增长至 358 亿雷亚尔。10 个巴西网购者中大约有 4 个热衷于到国际网站上购买东西,而中国网站因物美价廉而最受欢迎。

(二)巴西人的消费特点及习惯

巴西人宁愿多掏钱也不换购物地点。据巴西《圣保罗页报》报道,巴西信用保护服务机构及国家商店联合会在 2015 年 12 月共同发起了一项调查,数据显示,尽管商品的价格更贵,大部分巴西人还是不愿更换购物地点,仅有 24% 的巴西消费者因为价格的原因更换商店。

BlackFriday.com.br 商业活动网站进行的调查指出,巴西的消费者在网站上面购买产品时最经常使用的工具是电脑,62.4% 的人会选择使用电脑在网上采购他们所需的商品;16.7% 的消费者还会使用智能手机上网购物;只有 0.9% 的消费者表示,他们也会使用平板电脑购物。调查还指出,20% 的消费者倾向于使用多个电子设备在网上抢购自己心仪的促销商品,他们会不停地在各种电子设备之间切换使用,以便能够尽快买到心仪的产品。除此之外,大部分(51.1%)受访者在购物之前不进行价格调查,40% 在消费前不砍价,仅有 20.4% 的消费者会为了购买商品而存钱。

巴西买家喜欢在巴西本土的 Whatsapp 和 Facebook 等社交网站分享商品,喜欢与卖家互动,卖家虽不能用葡语,但是可以直接发英语交流,巴西买家会把英葡两种语言全都发给你。他们比较喜欢有色彩冲击和色彩搭配好的产品,卖家在主图上的设计可以主动迎合巴西买家的喜好。

相比较支付运费,巴西买家更青睐免邮的产品,进入卖家店铺的时候,浏览最多的是评论区,评论区情况甚至可以决定其是否会下单。

巴西人喜欢分期付款,当地超市在标价的时候也会体现出分期付款的价格,巴西人在消费方面还有一个特点就是很注重售后服务和产品的耐用性。同样情况下,如果你的产品耐用性比同行的好,就会比较受欢迎。由于巴西曾经是欧洲的殖民地,所以也比较喜欢欧式的和有 CE 认证的产品。

巴西消费者对于服装及尺码都有一些具体的习惯,从服装风格的角度来讲,他们喜欢休闲大气、有品质感、带有欧美风、较性感的服装,并且要具有配饰夸张、颜色丰富的特点,当然也要跟紧潮流。而对于尺码,巴西消费者要求精准的尺码对应表。

在网购商品的类别中,巴西消费者最喜欢购买时装和配饰,占订单总量的17%;然后是化妆品和香水、个人护理和健康产品,占15%;紧随其后的是电器(12%)、电话和移动电话(8%)、书籍、订阅和杂志(8%)。

(三)主要的网络购物平台

Mercadolivre.com. br(购物)是巴西本土最大的C2C平台,相当于中国的淘宝。利用好这个平台有利于了解巴西各类物价指数、消费趋势、付款习惯等市场信息。若想进入巴西市场,通过Mercado Livre进行市场调研及前期销售,不失为一个好的选择。Mercado Livre曾是eBay在拉丁美洲的合作伙伴,是目前为止南美洲最大的电子交易平台。其他的网络购物平台还有比较受欢迎的速卖通、亚马逊等。

三、巴西人的网购频率、网购时间和支付方式

(一)巴西人的网购频率

巴西在线消费行为研究公司E-Bit提供的数据显示,2015年巴西人境内网购金额达116.2亿美元,比2014年增长15.3%;境外网购金额达18.9亿美元,2014年巴西人网购平均金额约109.2美元,网购消费者数量增至3910万人,总订单数量也增长了3%,达到1.06亿笔。普华永道国际会计事务所公布的调查数据显示,巴西人在网上购物的频率日渐增加。2018年,65%的巴西人在网上进行常规购物(每月至少一次)。在4年前,这一比例为58%。

E-Bit网站总监佩德罗·古阿斯蒂说:"有84%的顾客表示,他们还会在曾经购物的网店继续购物。这表明网店符合消费者的期望值。"

而如今,随着跨境电商的越来越发达及便利,更多的巴西人会选择在网络上进行消费。

(二)巴西人的网购时间

其实各国网购的时间都是差不多的,比如在中国,大多数人可能集中在下午和晚上。巴西人的网购时间也基本集中在下午和晚上,所以,要想知道巴西人的

购物时间就必须清楚地知道中国与巴西的时差,尽量把促销活动集中在他们的空闲时间。

(三)巴西人的支付方式

巴西有 2 亿多的人口,有 70％消费需求旺盛的中产阶级,分期付款的购物习惯和移动电商的发展激起了巴西人更大的购物热情。巴西 80％的网购通过分期付款的方式完成,但该服务只提供给在巴西注册的公司。如果国内商户想要提供分期付款的服务,可以和第三方支付公司合作。如果没有巴西本地的支付方式,跨境电商网站大概只能面向 17％ 的巴西顾客。

1. 分期付款

巴西人普遍喜欢通过分期付款进行购物,约占交易总量的 80％。从厕纸到整容手术,几乎任何的东西在巴西都能通过分期付款进行购买。据统计,巴西家庭每月收入的 40％要用来还分期付款的债。

2. 本地化的支付方式

Payssion 支付平台数据显示,巴西用户使用最多是 Boleto 支付,约占总量的 56％;其次是信用卡,约占总量的 37％(本地信用卡 2/3,国际信用卡 1/3);网银转账 4％;货到付款 3％。

(1)Boleto 支付

Boleto 支付是由多家巴西银行共同支持的一种支付方式,在巴西占据绝对主导地位,客户可以到巴西任意一家银行、ATM 机、彩票网点或使用网上银行授权银行转账,超过 90％的巴西人会使用 Boleto 进行在线购物。

(2)信用卡支付

巴西有 37％的在线交易来自信用卡付款,其中有 2/3 是通过巴西本国的信用卡支付的。巴西只有 20％的信用卡能够用于跨境交易,且要承担 6.38％的税,由于部分用户担心信息泄露、信息欺诈等风险,所以用 Boleto 对他们来说更加安全。

(3)网银转账及其他

据调查,有 40％的巴西成年人没有银行账户,这也使得更多人使用 Boleto 支付。虽然网银转账没有信用卡和 Boleto 普及,但是以其安全、稳定、便捷的特点也被一些巴西顾客接受。

对于国内做巴西市场的商户,完善的本地化的运营策略包括本地支付方式和购物体验的优化是赢得巴西市场和客户的关键。

四、巴西的节日和文化习俗

（一）巴西的节日

巴西当地节日众多，每个节日都是一次商机的发掘，因此，商家要了解当地风俗，选择影响范围大的节日，进行促销活动和新品上线活动。下面我们就来了解一下其中最具特色的一些节日。

1. 海神节

每年的 1 月 1 日海神节，是一个辞旧迎新、供敬海神、祈祷海神保佑家人来年平安的节日，至今已有 200 多年的历史了。最隆重的庆祝活动在巴西东部的萨尔瓦多市。每年 12 月 31 日子夜前夕，海神的信徒们和来自各地的旅游者聚集在海边，怀抱自制的小船，头顶装满鲜花的陶皿，围绕在女神像前载歌载舞。当新年的钟声敲响，歌颂女神的乐声响起，焰火腾空开放，信徒和游客们鱼贯般地走到齐腰深的水中，将小船、鲜花和装满献给女神供奉的篮子放入水中，凝视着它们顺水漂去，好似带走对女神的崇仰之情和无限寄托。然后，人们会在水中洗个痛快，将过去一年的污浊洗刷干净，纯洁地迎接新的一年的到来。跨境电商从业者可以上架一些做篮子需要用到的工具、器皿等。

2. 狂欢节

巴西狂欢节被称为世界上最大的狂欢节，有"地球上最伟大的表演"之称，在每年 2 月的中旬或下旬举行三天。它的狂热程度举世无双，每年都吸引了数百万国内外游客。最初，狂欢节的规模不大，仅限于贵族举行的一些室内化装舞会，人们戴上从巴黎购买的面具，尽情地欢乐。1852 年，葡萄牙人阿泽维多指挥着乐队走上了街头。随着节奏明快的乐曲，不管是黑人还是白人，也不管是穷人还是富人，男女老少都跳起来了，整个城市欢腾起来了。阿泽维多的这一行动获得了巨大的成功，成为巴西狂欢节发展史上的一个里程碑，标志着狂欢节成了大众的节日。

在巴西各地的狂欢节中，尤以里约热内卢狂欢节为世界上最著名、最令人神往的盛会，相当于我国的春节。人们极尽想象，把自己打扮得千奇百怪，以吸引路人的眼光，参加游行的人有年过花甲的老人，有坐在父亲肩头的儿童。男男女女，老老少少，人人都在唱，个个都在跳。虽然人人脸上都淌着汗水，但个个脸上都挂着笑容。在这个节日期间，具有特色的服装会很受巴西人的欢迎。

3. 圣灵节

圣灵节在每年的 6 月初。它起源于葡萄牙的一种民间节日,1819 年首次在巴西举行,历时 10 天。节日期间,人们身穿盛装,头戴以牛、鬼、小丑、海盗为主的面具,互祝幸福,年轻人则谈情说爱。圣灵节最热闹的时候是最后三天,骑马表演和少女的巡游仪式以及歌咏表演把节日气氛推向高潮。跨境电商从业者可以在这个节日前上新具有特色的服装及各式各样的面具产品。

4. 琼尼纳斯节

琼尼纳斯节是巴西东北部传统的特色民族节日,在每年 6 至 7 月。是为纪念圣约翰、圣彼得和圣安东尼所举行的一连串街头庆祝活动。其特色为燃烧篝火、跳舞狂欢和假结婚。不到 6 月,商场里、街头上的色彩就浓艳起来,鲜艳的格子衬衫,花花绿绿看上去非常"侉"的裙子比比皆是。一进 6 月,人们的着装就有了明显的变化,随处可见格子衬衫,有的还戴一种有特色的皮帽子,女孩子们穿上鲜艳的花裙子似蝴蝶般飞来飞去。晚上,人们聚在露天的各个场所喝酒、唱歌、跳舞,街头时不时有燃烧的火堆。商场、饭店、大型超市里,每天都有民间三人小乐队(手风琴、打击乐和唱)表演。因此,鲜艳的格子衬衫、特色的皮帽子可以作为跨境电商从业者选品时的关注点。

5. 亡灵节

亡灵节在每年的 11 月 2 日,是巴西又一个极具宗教色彩的节日,是巴西人用以悼念已故亲友的日子。每逢一年一度的亡灵节,巴西人会和家人、朋友团聚在一起,为已故之人祈福。人们也会通过访问墓地和教堂的方式来庆祝这个节日。除了传统的纪念活动,人们还会组织大规模游行,诸如"僵尸大游行"这样的主题庆祝活动总能积聚超高的人气。大家伙儿装扮成各种"鲜血淋漓"的僵尸行走于街头。各种稀奇古怪的僵尸面具、服装等产品可以作为跨境电商从业者的选品对象。

6. 巴西共和国日

巴西共和国日为每年的 11 月 15 日,为 1889 年以丰塞卡元帅为首的军俱乐部和共和派推翻佩德罗二世的统治,确立共和政体的纪念日,相当于中国的国庆节,是全国的公众假期。在这个公共假期里,人们轻松自在地庆祝国庆,会去度假旅游,所以跨境电商从业者可以销售一些户外旅游产品。

(二)巴西的文化习俗

文化底蕴和背景的不同,导致不同的国家在待人接物时会有所不同。巴西人虽然性格豪爽、风趣幽默,但是也有自己的习俗禁忌。

1.关于数字及 13 条禁忌

巴西人认为,8 月 13 日是不吉利的日子。巴西人大多数信奉天主教,另外也还有少部分人信奉基督教新教、犹太教以及其他宗教。他们忌讳数字"13",他们普遍认为"13"为不祥之数,是会给人带来厄运或灾难的数字。因此,人们都忌讳见到、听到"13"。

为避免晦气,巴西人有以下禁忌:起床后,先用右脚踩地板;在最近的木头上敲三次;不从梯子底下穿过;躲避各种颜色的猫;穿过十字路口,信号灯放行后不要回头看;不洗头;路过墓地时,要为逝者祈安;避免与人产生纠纷;吃喝有节制;不能半夜回家;把家里的所有镜子都蒙上布;在衣兜里或提包里带一只兔脚、一块玻璃、一瓣蒜,或三样东西一起带;不能将提包放在地上,否则要丢失钱财或恋人。随着时代的进步,新一代的巴西人越来越淡化这些禁忌,但是跨境电商从业者还是要避免出售与其相关的产品。

2.关于动植物

巴西人极珍爱兰花,并将兰花尊为国花。他们认为兰花是民族一切可贵品德的象征,认为大而美的花形象征高瞻远瞩、坚实的花瓣象征坚毅刚强、富于变化的花色象征知难而进和百折不挠。

他们偏爱蝴蝶,认为蝴蝶有美丽的形象,是一种吉祥之物。跨境电商从业者可以在产品设计上加入蝴蝶的图案,以吸引买家的注意力。

3.关于色彩图案

在巴西,棕色、紫色表示悲伤,黄色表示绝望。他们认为人死好比黄叶落下,所以忌讳棕黄色。他们迷信紫色会给人带来悲伤。另外,还认为深咖啡色会招来不幸。在巴西,曾有过这样失败的例子。日本向巴西出口的钟表,在钟表盒上,配有紫色的饰带,由于紫色被认为是不吉利的颜色,因而不受欢迎。"OK"图案也是忌讳的,巴西人认为这是一种极不文明的表示。

五、巴西的体育文化潮流

(一)流行的国家队球衣

巴西是举世公认的足球王国。巴西足球是巴西人文化生活的主流,足球不仅仅是运动,更是文化。每当联赛或重大国内国际比赛进行时,巴西人常常举家前往观战,整个城市其他地方空无一人,而赛场人山人海。

巴西几乎人人都是球迷,足球被称为"大众运动",无论是在海滩上,还是在城市的街头巷尾,无论是富人还是穷人,都爱踢球。他们开玩笑说:"不会足球、不懂足球的人是当不上巴西总统的,也得不到高支持率。"

行走在巴西街头,你会发现八成市民都穿着国家队球衣。在里约市中心的一家商场里,一件巴西队球员版球衣价格为349雷亚尔,还没有球员的号码和名字。如果你想买带号码的球衣,必须另外算钱,再让服务员印上。一个号码数字的价格为9.9雷亚尔,一个姓名字母的价格为1.9雷亚尔。也就是说,如果你想买一件内马尔的球衣,需要多花钱印8个字母和4个数字(国家队球服的胸口和背后都印有10号),一共要花404雷亚尔,折合人民币大约1130元。

巴西因足球而出名,其国内的球迷数量很多,许多球迷更喜欢穿自己喜欢球队的衣服来表示对球队的支持。在巴西,许多人穿球衣上街,他们往往不会在意球衣的价格,更多关注的是球衣的号码和球队本身。所以虽然球衣昂贵,但是其在巴西是很畅销的,跨境电商从业者选品可以从与足球相关的延伸品入手。

(二)巴西的涂鸦文化

涂鸦,这种独特的文化符号,深深地刻在巴西的每一个地方。无论是号称"南美纽约"的圣保罗还是旅游胜地里约热内卢,抑或海滨小镇桑托斯,在巴西,有人的地方,就有涂鸦。那些夸张、幻想、幽默的画面给人以强烈的视觉冲击,成为街头艺术的一个组成部分,被认为是嘻哈文化四大元素之一。它是一种艺术形式,一种文化的表达方式。简单来说,涂鸦主要是通过喷画图案的艺术手法,在公共场所表达自己的情绪和想法。

在圣保罗,街道的店铺外墙上,多数是主人根据自己的喜好和想法进行的喷绘。一路走过去,可以欣赏到各种不同类型的涂鸦,一幅幅风格不一的图画。里约的街头艺术家喜欢用鲜艳的色彩进行抽象的构图,这一点在贫民窟附近的街道尤其明显。而在海滨小镇桑托斯,当地最吸引人的涂鸦则是传奇球星头像,比如贝利。

所以用来涂鸦的颜料及画笔等工具在巴西是非常受欢迎的,跨境电商从业者可以上架一些这样的产品。

(三)巴西的潮牌

1. Piet

Piet由年轻设计师Pedro Andrade在2012年创立,表达的是年轻人城市生活理念。Pedro Andrade 运用了简洁的剪裁和冷色调,展示出的是一种介于年轻与成熟之间的潮流感。除了表现了从年轻到成熟的风格和巴西年轻人对城市生活的理解,Piet 的另一个主打特点是无性别概念。Piet 的出品并不会强调性别,设计师想表达的是:"无关性别和大风潮,Piet 的衣服是为了想要高品质和设计感服装的年轻人设计的。"

2. Pyramid

Pyramid 是由设计师 Alex Sheeny 创立的,是来自里约热内卢的品牌。品牌的标志性设计是将各种宗教符号、乐队元素融入鲜艳的色彩之中,灵感的来源是里约热内卢的沙滩,所以 Pyramid 的产品大多都有这种鲜艳、夸张的设计图案。和上面的 Piet 强调的城市街头潮流不同,Pyramid 更喜欢一些热带元素,海滩、热带丛林都是 Pyramid 产品中常见的。

3. Storvo

Storvo 的品牌精神是"Keep Dstubing",意思是"持续打扰"。品牌创立之初,Storvo 为的是表达年轻人的叛逆,以及对于社会、政治现状的各种想法。来自圣保罗的 Storvo 成立了快 10 年,一直在坚持用独立的文化去影响巴西乃至全世界的潮人们。Storvo 可以说是巴西最出名的潮牌之一,在其位于圣保罗的实体店铺里,还有 Asic,PUMA 的球鞋贩售。除了根植于巴西本地之外,Storvo 早前还发布过带有日语元素的"HENTAI"系列(就是变态的意思),并找来日本 Model 上身示范。

像这样结合文化元素的潮牌在巴西还有很多,可以看得出巴西人对于时尚潮流也是非常的注重,所以跨境电商从业者在销售服装类产品时要保证能跟随潮流,将文化元素和时尚元素结合在一起,在设计上也要更新颖。

【推广运用】

节假日营销一直是电子商务营销里很重要的一部分,因为在大多数国家,重要的节假日一般都会掀起一个购物的热潮。好的节假日营销策略不仅能短时间内提高销量、快速打造爆款,而且对于培育客户的忠诚度,提高卖家服务等级也都很有帮助。

当营销活动设置都完成以后,最后一步就是推广引流了。花费那么多时间和精力来准备节假日营销活动,如果在活动期间吸引不到流量的话,那么所有的心血都会付之东流。

YouTube 在巴西是第一大视频来源,第二大搜索引擎,覆盖率高达 71%。

许多巴西零售商都将 YouTube 的首页访问者作为目标受众群体,在 YouTube 挂广告,意味着一天内向 2400 万用户传达你的品牌信息。同时,巴西知名球队对 YouTube 的参与度也很高,对于巴西这个足球王国来说,这是非常具有导向性的。

其他社交网络还有 Facebook,Instagram,Modait 等,如果能结合这些巴西人喜欢的平台选品、制订营销策略,会有不错的效果。